大数据环境下
高校信息化建设研究

张福潭 著

北京工业大学出版社

图书在版编目（CIP）数据

大数据环境下高校信息化建设研究 / 张福潭著 . — 北京：北京工业大学出版社，2021.12（2022.10 重印）
　　ISBN 978-7-5639-8215-8

　　Ⅰ．①大… Ⅱ．①张… Ⅲ．①高等学校－信息化建设－研究－中国 Ⅳ．① G649.2

中国版本图书馆 CIP 数据核字（2021）第 261019 号

大数据环境下高校信息化建设研究
DASHUJU HUANJING XIA GAOXIAO XINXIHUA JIANSHE YANJIU

著　　者：	张福潭
责任编辑：	李俊焕
封面设计：	知更壹点
出版发行：	北京工业大学出版社
	（北京市朝阳区平乐园 100 号　邮编：100124）
	010-67391722（传真）　bgdcbs@sina.com
经销单位：	全国各地新华书店
承印单位：	三河市元兴印务有限公司
开　　本：	710 毫米 ×1000 毫米　1/16
印　　张：	11
字　　数：	220 千字
版　　次：	2021 年 12 月第 1 版
印　　次：	2022 年 10 月第 2 次印刷
标准书号：	ISBN 978-7-5639-8215-8
定　　价：	68.00 元

版权所有　　翻印必究

（如发现印装质量问题，请寄本社发行部调换 010-67391106）

作者简介

张福潭，男，河北省沧州人，副教授，硕士，现就职于沧州开放大学（原沧州广播电视大学）。主要研究方向：网络应用和电子商务等。主持河北省社会科学界联合会、河北开放大学等单位的多项课题，参与河北省教育厅、沧州市社会科学界联合会等单位多项课题研究，发表论文十余篇。

前　言

近年来，海量数据以其特有的形式出现在人们生活的各个领域，这标志着人类进入大数据时代。小到每个人的家庭住址、电话号码，大到一个国家的重要机密文件，这些都是数据。高校作为国家培养人才的基地，其产生的数据更为复杂、庞大，这对高校的信息化管理提出了巨大的挑战。国内各高校普遍进入了大数据时代，高校信息化建设迎来了更多创新发展的机遇。高校日常的教学、科研和管理无时无刻不在产生着大量的数据。如何在如此庞杂的数据中筛选出最具价值的信息，挖掘信息的潜在价值，使其服务于高校的智能智慧建设，是当今时代人们关注的焦点。基于此，笔者分析了大数据背景下高校的信息化建设现状和信息化建设的重要性，并提出了有效的建设措施，以期助力高校信息化建设的创新发展。

全书共七章。第一章为大数据时代的到来，主要包括大数据的出现、大数据的内涵与特征、大数据产生的技术背景、大数据的发展历程、大数据发展的时代意义等内容；第二章为高校信息化建设的现状，主要包括高校信息化建设取得的成绩、高校信息化建设面临的困境、制约高校信息化建设的因素、高校信息化建设的发展趋势等内容；第三章为大数据对高校信息化建设的影响，主要包括大数据引领信息化时代、大数据在高校信息化建设中的重要性、大数据应用于高校信息化建设的挑战与可行性、数据挖掘技术在高校信息化建设中的应用等内容；第四章为大数据环境下高校教育信息化建设，主要包括高校教育信息化相关理论、高校教育信息化建设实践、大数据环境下高校教育信息化平台建设等内容；第五章为大数据环境下高校管理信息化建设，主要包括高校管理信息化相关理论、大数据环境下高校档案管理信息化建设、大数据环境下高校学生管理信息化建设等内容；第六章为大数据环境下智慧校园信息化建设，主要包括教育大数据与智慧校园、大数据环境下的智慧校园建设、大数据环境下智慧校园信息化建设的创新路径、大数据技术在智慧校园信息化建设中的应用等内容；第七章为大数据环境下高校信息化建设策略，主要包括大数据环境下高校教师教学能力的提升、大数据环境下高校信息化建设机制的更新、大数据环境下高校信息化建设风险的评价优化、大数据环境下高校信息化建设中政府职能的完善等内容。

为了确保研究内容的丰富性和多样性，在写作过程中笔者参考了大量文献，在此向相关文献的作者表示衷心的感谢。

最后，限于笔者水平，加之时间仓促，本书难免存在一些不足之处，在此，恳请广大读者指正！

目 录

第一章 大数据时代的到来 ·· 1
- 第一节 大数据的出现 ·· 1
- 第二节 大数据的内涵与特征 ·· 2
- 第三节 大数据产生的技术背景 ······································· 7
- 第四节 大数据的发展历程 ·· 12
- 第五节 大数据发展的时代意义 ····································· 19

第二章 高校信息化建设的现状 ·· 25
- 第一节 高校信息化建设取得的成绩 ······························· 25
- 第二节 高校信息化建设面临的困境 ······························· 28
- 第三节 制约高校信息化建设的因素 ······························· 34
- 第四节 高校信息化建设的发展趋势 ······························· 37

第三章 大数据对高校信息化建设的影响 ································ 41
- 第一节 大数据引领信息化时代 ····································· 41
- 第二节 大数据在高校信息化建设中的重要性 ·················· 44
- 第三节 大数据应用于高校信息化建设的挑战与可行性 ····· 47
- 第四节 数据挖掘技术在高校信息化建设中的应用 ············ 50

第四章 大数据环境下高校教育信息化建设 ···························· 63
- 第一节 高校教育信息化相关理论 ·································· 63
- 第二节 高校教育信息化建设实践 ·································· 73
- 第三节 大数据环境下高校教育信息化平台建设 ················ 80

第五章　大数据环境下高校管理信息化建设 …… 86
第一节　高校管理信息化相关理论 …… 86
第二节　大数据环境下高校档案管理信息化建设 …… 88
第三节　大数据环境下高校学生管理信息化建设 …… 102

第六章　大数据环境下智慧校园信息化建设 …… 115
第一节　教育大数据与智慧校园 …… 115
第二节　大数据环境下的智慧校园建设 …… 123
第三节　大数据环境下智慧校园信息化建设的创新路径 …… 129
第四节　大数据技术在智慧校园信息化建设中的应用 …… 134

第七章　大数据环境下高校信息化建设策略 …… 139
第一节　大数据环境下高校教师教学能力的提升 …… 139
第二节　大数据环境下高校信息化建设机制的更新 …… 150
第三节　大数据环境下高校信息化建设风险的评价优化 …… 157
第四节　大数据环境下高校信息化建设中政府职能的完善 …… 163

参考文献 …… 166

第一章 大数据时代的到来

随着全球化进程的不断加快，互联网的高速发展，社会已经逐步进入大数据时代，大数据对人们的生产及生活产生了重大影响。在高校的学生管理工作中，也能够频频见到大数据的身影，利用大数据有利于提高学生管理的效率，满足学生多元化的需求，提高辅导员的管理质量。

第一节 大数据的出现

数据是人类对客观世界的记录，人类世界的本质就是数据。随着信息技术的发展，数据的收集、保存、维护、使用等任务，成为各个领域所面临的共同挑战。2011年5月，全球知名咨询公司麦肯锡发布了《大数据：创新、竞争和生产力的下一个前沿领域》报告，报告中首次提出了"大数据"的概念，并指出"数据已经渗透到每一个行业和相关职能领域，逐渐成为重要的生产因素。而人们对于海量数据的运用将预示着新一波生产率增长和消费者盈余浪潮的到来"。不久，麦肯锡关于"大数据"的报告登上《纽约时报》《华尔街日报》的专栏，进入美国白宫官网的新闻，现身在国内一些互联网主题的讲座沙龙中，甚至被嗅觉灵敏的国金证券、国泰君安证券、中国银河证券等写进了投资推荐报告中。

在我们的日常生活中，人人都在创造数据，也在利用和分享数据。视频、音频、图像、数字等交互方式的丰富，让我们已经进入了数据信息爆炸的阶段。社会学教授加里·金称："这是一场革命，庞大的数据资源使得各个领域开始了量化进程，无论学界、商界还是政府，所有领域都将开始这种进程。"美国、日本等国政府纷纷提出了"大数据的研究和发展计划"，更是将"大数据"提升到了全球性战略发展的高度。

随着"大数据"时代的到来，人们在实践中很快认识到，通过数据的开放、整合和分析，能够发现新的知识、创造新的价值，从而促进社会进步和发展。在这个快速发展的时代，大数据给高等教育带来哪些影响和挑战，值得人们关注。大数据一词被越来越多地提及，人们用它来描述和定义信息爆炸时代所产生的海量数据，并命名与之相关的技术发展与创新。

数据正在迅速膨胀，它决定着企业的未来发展。虽然现在企业可能并没有意识到数据爆炸性增长带来的隐患，但是随着时间的推移，人们将越来越多地意识到数据对企业的重要性。"大数据"时代对人类的数据驾驭能力提出了新的挑战，也为人们获得更为深刻、全面的洞察能力提供了前所未有的空间与潜力。

"大数据"时代已经降临，在商业、经济及其他领域中，决策将日益基于数据分析，而并非基于经验和直觉。"大数据"在物理学、生物学、环境生态学等领域以及军事、金融、通信等行业存在已有时日，近年来因为互联网和信息行业的快速发展而被人们广泛关注。

随着云时代的到来，大数据也吸引了越来越多的关注。大数据通常用来形容一个公司创造的大量非结构化和半结构化数据。这些数据在下载到关系型数据库用于分析时会花费过多的时间和金钱。大数据分析常和云计算联系到一起，因为实时的大型数据集分析需要向数十、数百甚至数千台电脑分配工作。

"大数据"在互联网行业指的是互联网公司在日常运营中生成、累积的用户网络行为数据。这些数据的规模是如此庞大，以至于不能用G或T来衡量，大数据的起始计量单位至少是P（约1 000T）、E（约1 000P）或Z（约1 000E）。

第二节 大数据的内涵与特征

一、大数据的概念

"大数据"这个术语最早期的引用可追溯到阿帕奇的开源项目。当时，大数据用来描述为更新网络搜索索引需要同时进行批量处理或分析的大量数据集。随着谷歌映射－化简模型和谷歌文件系统的建立，大数据不再仅用来描述大量的数据，还涵盖了处理数据的速度。早在1980年，著名未来学家阿尔文·托夫勒便在《第三次浪潮》一书中，将大数据热情地赞颂为"第三次浪潮的华彩乐章"。不过，大约从2009年开始，"大数据"才成为互联网信息技术行业的流行词语。美国互联网数据中心指出，互联网上的数据每两年便翻一番，而目前世界上90%

以上的数据是最近几年才产生的。此外，数据又并非单纯指人们在互联网上发布的信息，全世界的工业设备、汽车、电表上有着无数的数码传感器，它们随时测量和传递有关位置、运动、振动、温度、湿度乃至空气中化学物质的变化等的信息，因此它们也产生了海量的数据信息。

大数据就是一个体量特别大、数据类别特别多的数据集，并且这样的数据集无法用传统数据库工具对其内容进行抓取、管理和处理。大数据首先是数据体量大，指代大型数据集，在实际应用中，很多企业用户把多个数据集放在一起；其次是数据类别多，数据来自多种数据源，目前数据种类和格式日渐丰富，已突破了以前所限定的结构化数据范畴，囊括了半结构化和非结构化数据；再次是数据处理速度快，在数据量非常庞大的情况下，也能够做到数据的实时处理；最后一个特点是数据真实性高，随着社交数据、企业内容、交易与应用数据等新数据源的兴起，传统数据源的局限被打破，企业愈发需要借助信息技术之力以确保信息的真实性及安全性。

目前对于大数据的概念仍有不同的解释。

大数据，或称巨量资料，指的是所涉及的资料量规模巨大到无法利用目前主流软件工具，在合理时间内进行撷取、管理、处理，并整理成有利于企业经营决策的资讯。

在维克托·迈尔－舍恩伯格及肯尼思·库克耶撰写的《大数据时代》中，大数据指不用随机分析法（抽样调查）这样的捷径，而对所有数据进行分析处理。

高德纳咨询公司给出的定义为，大数据是需要采用新处理模式才能具有更强的决策力、洞察发现力和流程优化能力的海量、高增长率和多样化的信息资产。从数据的类别上看，大数据指的是无法使用传统流程或工具处理或分析的信息。它定义了那些超出正常处理范围，迫使用户采用非传统处理方法的数据集。

麦肯锡是研究大数据的先驱，在其报告《大数据：创新、竞争和生产力的下一个前沿领域》中给出大数据的定义："大数据指的是大小超出常规的数据库工具获取、存储、管理和分析能力的数据集。"但该报告中同时强调，并不是说一定要超过特定 TB 值的数据集才能算是大数据。

互联网数据中心（IDC）从大数据的四个特征来定义，即海量的数据规模、快速的数据流动和动态的数据体系、多样的数据类型、巨大的数据价值。

大数据科学家约翰·劳萨给出了一个简单的定义：大数据是任何超过了一台计算机处理能力的数据量。

大数据就是互联网发展到现今阶段的一种表象或特征而已，没有必要神话它或对它保持敬畏之心，在以云计算为代表的技术创新大幕的衬托下，这些原本很难收集和使用的数据开始容易被利用起来。通过各行各业的不断创新，大数据会逐步帮助人们创造更多的价值。

从某种程度上说，大数据是数据分析的前沿技术。简而言之，从各种类型的数据中，快速获得有价值信息的能力，就是大数据技术。世界经济论坛的报告认定大数据为新财富，价值堪比石油。

大数据不仅仅指大量的数据和处理大量数据的技术，还涵盖了人们在大规模数据的基础上可以做的事情，这些事情在小规模数据的基础上是无法实现的。换句话说，大数据让我们以一种前所未有的方式，通过对海量数据进行分析，获得有巨大价值的产品和服务，或深刻的洞见，最终形成变革之力，其核心就是预测。大数据将为人类的生活创造前所未有的可量化的维度。

2009 年出现了一种新的流感病毒——甲型 H1N1 流感，它结合了导致禽流感和猪流感的病毒的特点，在短短几周之内迅速传播开来。全球的公共卫生机构都担心一场致命的流行病或许即将来袭。有的评论家甚至警告说，世界可能会暴发大规模流感，类似于 1918 年在西班牙暴发的、影响了 5 亿人口并夺走了数千万人性命的大规模流感。更糟糕的是，当时我们还没有研发出对抗这种新型流感病毒的疫苗。公共卫生专家能做的只是减慢它的传播速度。但要做到这点，他们必须先知道这种流感出现在哪里。美国和所有其他国家一样，都要求医生在发现新型流感病例时告知疾控中心。由于人们可能患病多日，实在受不了了才会去医院，同时这个信息传达回疾控中心也需要时间，因此，通告新流感病例往往会有两周的延迟。而且，疾控中心每周只进行一次数据汇总。然而，对于一种飞速传播的疾病，信息滞后两周的后果将是致命的。这种滞后导致公共卫生机构在疫情暴发的关键时期反而无所适从。在甲型 H1N1 流感暴发的几周前，互联网巨头谷歌公司的工程师在《自然》杂志上发表了一篇引人注目的论文，它令公共卫生研究者和计算机科学家感到震惊。文中解释了谷歌为什么能够预测冬季流感的传播，不仅是全美范围的传播，而且可以具体到特定的地区和州。谷歌通过观察人们在网上的搜索记录来完成这个预测，而这种方法以前一直是被忽略的。谷歌保存了多年来所有的搜索记录，而且每天都会收到来自全球超过 30 亿条的搜索指令，如此庞大的数据资源足以支撑和帮助它完成这项工作。发现能够通过人们在网上检索的词条辨别出其是否感染了流感后，谷歌公司把 5 000 万条美国人最频繁检索的词条和美国疾控中心在 2003 年至 2008 年间季节性流感传播时期的数据进行了比较。其他公司也曾试图确定这些相关的词条，但是它们缺乏像谷歌公司一样庞大的数据资源，以及高超的统计技术。虽然谷歌公司的员工猜测，特定的检索词条是为了在网络上得到关于流感的信息，如"哪些是治疗咳嗽和发热的药物"，但是找出这些词条并不是重点，他们也不知道哪些词条更重要，更关键的是，他们建立的系统并不依赖于这样的语义理解。他们设立的这个系统唯一关注的就是特定检索词条的频繁使用与流感在时间和空间上的传播之间的联系。谷歌公司为了测试这些检索词条，总共处理了4.5亿个不同的数字模型。在将得出的预测与2007年、2008年美国疾控中心记录的实际流感病例进行对比后，谷歌公司发现，他们的软件发现了45条检索词条的组合，一旦将它们用于一个数学模型，他们的预测与官方数据的相关性高达97%。和疾控中心一样，他们也能判断出流感是从哪里传播出来的，而且他们的判断非常及时，不会像疾控中心一样要在流感暴发一两周之后才可以做到。所以，2009年甲型H1N1流感暴发的时候，与习惯性滞后的官方数据相比，谷歌成了一个更有效、更及时的指示标。公共卫生机构获得了非常有价值的数据信息。

二、大数据的本质

（一）大数据是科学

从自身维度看，大数据是数据科学。数据科学以海量的数据为研究对象，研究各个科学领域所遇到的具有共性的数据问题，通过对数据的规律的研究来实现对科学问题的解答。"人—机—物"交互融合的三元世界的数量化表征及其网络关系成为大数据研究的共性问题。在美国白宫发布的《大数据白皮书（2014）》中，有这样的表达："数据科学可以为生活中每一个方面都带来革命性影响。"我国2016年新增本科专业"数据科学与大数据技术"。

另外，大数据还催生新生学科，学科的边界在模糊：大数据与金融学结合催生出金融科技方向；互联网、复杂网络理论、社会学、数据挖掘相结合催生出社交网络乃至社会计算方向；计算机与媒体学（含新闻媒体）结合催生出数字媒体处理方向；数据挖掘与生物学结合催生出计算生物学方向等。

（二）大数据是技术

从支撑维度看，大数据是技术平台。大数据的任何一个环节都与传统小数据处理方式不同，大数据的采集、存储、处理及分析等各个环节都必须依赖全新的技术支持，因此有学者认为大数据的核心就是技术，然后才是产业，才是资源，才是方法论，才是学科。大数据技术是一个体系，包括采集技术、存储技术、过滤处理技术、分析技术、可视化技术、删除技术及安全技术等。

（三）大数据是工具

从工具维度看，大数据是研究方法。图灵奖得主吉姆·格雷明确指出，大数据时代，科学将进入继实验、理论、计算模拟之后的第四范式——数据密集型科研。这一研究模式的特点为不在意数据的杂乱，但强调数据的量；不要求数据精准，但看重其代表性；不刻意追求因果关系，但重视规律总结。这一模式不仅用于科学研究，更多的会用到各行各业，大数据是从复杂现象中透视本质的有用工具。大数据思维比大数据本身更有价值，大数据思维具有强大的潜力和能量。克里斯·安德森提出"理论的终结"，他认为用一系列的因果关系来验证各种猜想的传统研究范式已经不实用了，已被无须理论指导的纯粹的相关关系研究取代。"理论的终结"似乎暗示着尽管理论仍存在于像物理、化学这样的学科里，但是大数据分析不需要成形的概念，数据洪流使科学研究方法遭到废弃。相关关系的分析和利用使应用数学成为人们认识和改变世界的重要工具。

（四）大数据是资源

从价值维度看，大数据是潜在资源。麦肯锡咨询公司曾预测大数据能使制造业装配成本降低50%，零售业增加60%的利润。事实上在社会治理、医疗行业，大数据每年创造的价值预计超过3 000亿美元，这不是简单地用GDP可以衡量的。可见广义的大数据产业百倍于狭义的大数据产业，大数据的服务业属性大于大数据的制造业属性，大数据对其他产业的影响大于对其直接产业的影响，大数据的社会效益大于其直接经济效益，大数据影响之大和受到广泛重视也正是因其溢出效应明显。

麦肯锡咨询公司在其《大数据：创新、竞争和生产力的下一个前沿领域》的报告中指出，数据正成为同物质资产和人力资本相提并论的重要生产要素，大数据的使用将成为未来提高竞争力、生产力、创新能力以及创造消费者剩余的关键要素，成为领军企业与其他企业之间最显著的差别。大数据已经成为信息社会的"富矿"，其开发与使用价值不可限量。对大数据进行处理，发现其中潜在的商业价值，这将会产生巨大的商业利润。从世界范围看，研究大数据、开发大数据已成为一种新兴职业。

三、大数据的特征

（一）体量巨大，种类繁多

互联网搜索的发展、电子商务交易平台的覆盖和微博等社交网站的兴起，促使无穷无尽的各种数据内容产生。传感、存储和网络等计算机科学领域在不断前行，人们在不同领域采集到的数据量达到了前所未有的程度，网络数据可以实现同步实时收集，包括电子商务领域的数据，以及医疗领域的临床数据和科学研究数据。非结构化数据的增长比结构化数据的增长快大概几十倍。

对网络企业的投资者来说，这类预测能提升信心，麦肯锡咨询公司从个体数据集出发定义大数据。如今数据类型日益繁多，如视频、文字、图片、符号等各种信息，发掘这些形态各不相同的数据流之间的相关性是大数据的最大优点。例如，供水系统数据与交通状况比较可以发现清晨洗浴和早高峰的时间密切相关，电网运行数据和堵车时间地点有相关性，交通事故率关联睡眠质量。

（二）开放公开，容易获得

采集大数据不是为了存储而是为了进行分析。大数据不仅存在于特定的政府机构和企业组织中，还存在于社会生活生产过程中，电信公司积累客户的电话沟通记录，电子商务网站整合消费者的各种信息。企业通过挖掘海量数据可以增强自身能力，提高运营服务水平，提供决策支持，实现商业智能。

今天在一定规则开放性下，依靠应用程序接口技术和爬虫采集技术，越来越多的商业组织和政府机构开始向社会各界和研究机构提供自身采集储存的各种数据，尤其是美国政府走在前列，它主动提供具有权威性的开放数据。国内外有大量组织收集微博上的海量信息，并分析个人特征和属性标签，预测社会舆情、电影票房或者商业机会。开放公开容易获得的数据成为大数据时代的基本特征，可产生巨大的社会影响。

第三节　大数据产生的技术背景

大数据的产生离不开技术的支持，是人类保存数据的能力、产生数据的能力和使用技术的能力增强的结果，更是人类大数据思维形成的结果。大数据的发展离不开物联网、云计算和人工智能技术的支撑。

一、大数据存储技术

摩尔定律是大数据产生的基本技术支撑。英特尔公司的创始人之一戈登·摩尔提出了"同一面积芯片上可容纳晶体管的数量,一到两年将增加一倍"的观点,即摩尔定律。他的本意是,由于单位面积芯片上的晶体管密度增加,计算机性能会随之提升,这会导致存储器价格上涨。但是,现实是计算机性能不断提升,而存储器的价格不断下降,这是因为晶体管越做越小,体积缩小成本变小,加之需求增加导致批量生产。

创新无止境,建立在摩尔定律基础上的信息保存技术使得信息的存储变得如此快捷、方便和廉价,为大数据时代的到来铺平了硬件道路,奠定了坚实的物质基础。摩尔定律也导致各种计算设备变得越来越小,这种现象被美国科学家马克·维瑟概括为"普适计算",此理论将计算机发展历程分为三个阶段:主机型、个人电脑、普适计算。目前,计算机正处于第三个发展阶段,各种微小可穿戴设备,使得数据采集和处理不受时空所限,计算最终和环境融为一体,这意味着人类数据收集的能力增强。

二、大数据生产技术

以网络发展为基础的社交媒体的出现及发展是大数据产生的第二个技术条件。网络发展的三个阶段:基于互联网的 Web 1.0 时代,具有联通、静态的特点;基于社交的 Web 2.0 时代,具有交流、互动的特点;基于移动的 Web 3.0 时代,具有实时交流、互动的特点。2004 年起,以脸书为代表的国外社交媒体问世,标志着互联网 Web 2.0 时代来临。2011 年,社交媒体将信息传播的速度带到比美国弗吉尼亚州地震波传播的速度还快的时代。2009 年出现的微博、2011 年出现的腾讯微信也迅速在世界人口最多的国家——中国火爆。人们在脸书、微信等社交媒体上生产数据,记录各自的行为,这部分数据又叫"行为数据"。大数据包括自然环境数据、商务过程数据和人的行为数据三类。李塔鲁做出估算,认为推特一天产生的数据总量相当于《纽约时报》100 多年产生的数据总量,社交媒体引发空前的数据爆炸。当今世界,Web 3.0 的时代已来临,其显著特点就是基于移动技术。Web 3.0 具有"三广三跨"的特点,即广域的、广语的、广博的,以及跨区域、跨语种、跨行业。

三、数据挖掘技术

数据挖掘技术不仅是统计学发生革命的基础，同时也是大数据产生的又一重要技术条件。统计学经历了普查时代、抽样时代和大数据时代。数据是治国资源，在中国古代"强国知十三数"，算则胜，不算则败。在美国，最初是进行人口普查，数据用于分权。虽然美国文化源于欧洲，但数据的分权功能却是美国独创的，美国的统计学因此展示了全世界最丰硕的成果。

20世纪30年代，抽样技术使统计学发生了一场革命，即社会调查不必像人口普查一样，把全社会的人都问一遍，可以通过选取有代表性的样本来完成。抽样预测技术在美国最初用于"政治选票"预测，且谱写了"以少胜多"的佳话。

1936年，抽样技术的领袖人物盖洛普领导的美国舆论研究所以5000人的抽样击败民意调查的龙头老大《文学文摘》240万人的调查，成功预测罗斯福会当选美国总统。这使盖洛普和他的研究所声名远播，法国、英国陆续在其影响或帮助下成立民意调查机构。20世纪50年代，民意调查发展成为一个独立的产业。在这个不断壮大的产业中，"政治选票"是其最早的驱动力量，然而对《乱世佳人》电影票房的成功预测，开启了统计学在商业领域应用的新旅程。1936—2008年举行的18次总统选举中，盖洛普民意调查成功了16次。然而抽样技术也存在缺陷，1948年，杜鲁门和杜威的总统直选，盖洛普的抽样技术因信息掌握的滞后性，失败地预测杜威当选，结束了人们对它的顶礼膜拜。

大数据预测是统计学的新时代，大数据的数据之大，不仅在量上，更在其具有的价值上，如何获得大数据这个新"石油""金矿"，最根本的是要掌握数据挖掘技术，利用特定的软件和算法，寻找海量数据背后的规律和趋势，从而为科学决策提供支撑和依据。数据挖掘指从人工智能、机器学习、数据库系统等交叉学科的庞大数据集里发现某种关系的计算过程。机器学习是数据挖掘技术之后的新发展，其凭借计算机算法的不固定，也就是随着计算、挖掘次数的增多，不断自动调整自己的算法参数，使挖掘和预测的结果更为准确。这种基于网络数据的挖掘，不需要制订问卷，也不需要逐一调查，成本低廉，更重要的是具有及时性、全面性的特点。数据挖掘在数据来源、数据时效、数据成本三个方面都具有统计抽样不可比拟的优势。网络数据具有多个源头，数据挖掘用的是现存的数据，数据使用基本免费，而统计抽样的数据来源比较单一，具有一定的滞后性，数据使用成本昂贵。

四、物联网技术

物联网是大数据产生的硬件支撑和物质基础。物联网，即物物相连的网络，是信息技术和信息化时代发展的新产物，也是智慧化时代来临的前提条件。广义的物联网指当下全部事物都与技术、网络、计算机融合，实现物物之间、物人之间、人人之间相连相融，从而实现实时的信息共享，以及智能化的控制与管理。物联网可以被看作继计算机与互联网之后的第三次信息技术变革，具有划时代的意义。

物物相连，势必产生浩如烟海的大数据，物联网是大数据产生的前提。大数据与物联网技术相互支撑、相互促进，从而共同编织智慧社会的神经网。PC互联网是"互联网1.0"，用"搜索引擎"解决信息不对称问题；移动互联网是"互联网2.0"，用共享服务手机软件解决"效率不对称"问题；物联网是"互联网3.0"，用"云脑"解决"智慧不对称"问题。物联网的本质是"云脑"驱动的"自动服务网"，它由数据算法驱动，利用具有自学习、自管理、自动修复能力的"云脑"，通过自适应、自组织、自协同的物联终端，主动感知需求、实时分析匹配，为每个人主动、精确提供"所需即所得"的最优个性化服务。

五、云计算技术

云计算技术是大数据具有使用价值的根本保障。"云计算"类似于"信息高速公路"，来源于电话通信行业，基于"虚拟专用网络"技术提供的专用资源，是可招之即来挥之即去的网络服务。云计算是通过网络将计算机的各种能力组织起来的，也就是说将计算的能力放在互联网上，硬件电脑具有的所有能力都由网络提供。

约翰·麦卡锡教授曾说过："就像公用电话网一样，计算的能力，有一天会被组织起来，成为一种公共资源和公共事业，这种公共资源和事业，会成为一个新的、重要的产业。"云计算提供的是虚拟资源，具有超大规模、通用性、扩展性、虚拟化等特点，拥有便捷性、安全性、个性化、按需访问、价格低廉等诸多优势，目前已发展成为一个完整的产业链，包括硬件、软件和操作服务等内容，帮助人们实现了计算能力质的飞跃。从技术上看，大数据与云计算的关系就像一枚硬币的正反面一样密不可分。云计算是大数据成长的驱动力，由于数据越来越多、越来越复杂、越来越实时，这就更加需要云计算去处理，所以二者之间是相辅相成的。本质上，云计算与大数据的关系是静与动的关系：

云计算强调的是计算，这是动的概念；而数据则是计算的对象，是静的概念。如果结合实际的应用，前者强调的是计算能力，或者看重的是存储能力。这样说，并不意味着两个概念就如此泾渭分明。大数据需要处理大数据的能力（数据获取、筛选、转换、统计等能力），其实就是强大的计算能力；另外，云计算的动也是相对而言的，如基础设施即服务器中的存储设备提供的主要是数据存储能力，所以它可谓是动中有静。

目前，云计算已经普及并成为互联网技术（IT）行业主流技术，其实质是在计算量越来越大，数据越来越多、越来越动态、越来越实时的背景下被催生出来的一种商业模式。个人用户将文档、照片、视频、游戏存档记录上传至"云"中永久保存，企业客户根据自身需求，可以搭建自己的"私有云"，或托管、或租用"公有云"上的IT资源与服务。存储下来的数据，如果不以云计算进行挖掘和分析，就只是僵死的数据，没有太大价值。大数据的特色在于对海量数据进行挖掘。但大量的数据必然无法用单台的计算机去处理，而云计算、存储及虚拟化技术恰好可以解决这一问题。

六、人工智能技术

大数据技术与人工智能技术是人类智慧时代的两翼，二者互为基础、互相促进。人工智能（AI）是研究、开发用于模拟、延伸和扩展人的智能的理论、方法、技术及应用的一门新的科学技术。人工智能是计算机科学的一个分支，它企图了解智能的实质，并生产出一种新的能以与人类智能相似的方式做出反应的智能机器，该领域的研究包括语言识别、图像识别、自然语言处理等。

人工智能诞生以来，理论和技术日益成熟，应用领域也不断扩大，可以设想，未来人工智能带来的科技产品，将会是人类智慧的"容器"。人工智能是对人的思维过程的模拟。人工智能不是人的智能，但智能机器能像人那样思考，也可能超过人的智能。

人工智能是一门极富挑战性的科学，从事这一方面工作的人必须懂得计算机知识、心理学知识和哲学知识。人工智能是涉及范围十分广泛的科学，如涉及机器学习、计算机视觉等领域。总的说来，人工智能研究的一个主要目标是使机器能够胜任一些通常需要人类智能才能完成的复杂工作。但不同的时代、不同的人对这种"复杂工作"的理解是不同的。

人工智能正在使我们的社会发生翻天覆地的变化，从创建更智能的城市，到增强道路的安全性，再到加强保护我们的网络世界，人工智能无处不在。目前我们正在利用众多定制解决方案来推动人工智能创新。技术的灵活组合正在让数据科学家构建更加高级的人工智能解决方案，并刺激了新创意的探索。计算机科学家吴恩达表示，深度算法和大数据结合，可使新的人工智能算法越来越好，未来人工智能虚拟圈里可以完成整个循环。大数据时代已经到来，它的魅力在于能够挖掘具有巨大价值的产品和服务，而人工智能与大数据的完美结合将开启大数据时代新的发展征程。最先进行"人工智能+大数据"美妙体验的是网络招聘行业，人才和用人单位的海量数据信息为招聘行业提供了大数据支撑，如何合理有效地匹配这些数据就成了招聘行业的首要任务。将人工智能技术应用于招聘行业是快速优化求职者和用人单位双向选择的撒手锏，既节省了企业对大量简历的筛选和评判所用的时间，也可以为个人求职者提供准确有效的简历投递服务。

人工智能和大数据结合的技术还可以应用到心理学领域，大数据将会对心理疾病的治疗产生积极影响。随着抑郁症、自闭症等患者的增多，越来越多的心理疾病受到人们的普遍关注，目前的心理疾病主要是通过心理医生进行相应治疗的，较少使用其他科技辅助治疗方法。

人工智能和大数据结合的技术除了应用在心理疾病治疗领域外，在其他技术领域也崭露头角，如文本识别、个性化学习、数据清洗、空调控制，甚至是行政办公审批等。数据挖掘和知识发现人工智能有望在工业、技术和数字革命层面开启前所未有的社会变革，能够感知、推理和操作的机器将加快解决包括科学、金融、医学和教育等众多领域的问题，进而增强人类的能力，并帮助人们实现更远、更快的发展。

第四节　大数据的发展历程

一、数据的开始

人类在生产实践中发明了语言、文字和图形，但仅用这些还无法准确地描述世界，因此数字作为一项重要的改造世界的工具产生了。它把抽象的概念具体表达，如"很多"人，"非常"多人可以理解为不同的程度，但如果说1 000人、10 000人就清清楚楚了。人类的生产、交换等活动都是以数据为基础展开的，如度量衡、货币等的发明和出现，大大地推动了人类文明的发展。

数据的测量产生了最早"有根据的数字"，即数据是对客观世界测量结果的记录，不是随意产生的。测量从一开始产生就是为科学服务的。从古至今，测量都是进行科学研究的主要手段，没有测量，就没有科学。测量出来的数据可以由计算再衍生出新数据。这样看来，一切数据都是人活动的产物。这时的数据还只具有传统意义，它和信息、知识是有严格区别的。数据是信息的载体、信息是数据的背景，知识是经过归纳整理后呈现出来的有规律的信息。

进入信息时代后，巨大的变化产生了。20世纪60年代，软件科学快速发展，数据库被发明。数据库用来存储一切数字、文本、图片。这时，数据开始不仅指"有根据的数字"，其内涵扩大到一切保存在电脑中的信息，包括文本、图片、视频等。数据也成了信息的代名词，因为这些信息只是一种对世界的记录，数据因此多了一个来源：记录。

数据库出现以后，信息总量与日俱增，增速也越来越快。20世纪90年代，就有美国人提出了"大数据"概念，虽然还不是真正的大数据时代，但是数据的重要性在上升，数据在价值上的重要性已经被预见。21世纪开始，特别是2004年新社交媒体产生以后，数据开始爆炸式增长，大数据的提法又一次出现，这时的大数据既指容量大，又指价值大。争议开始了：到底什么算大？多大才是真正的大？

二、大数据的开始

（一）大数据现代发展史起点

大数据的现代发展史最早可追溯到美国统计学家赫尔曼·霍尔瑞斯，他被后世称为数据自动处理之父。他发明了电动"打孔卡片制表机"来对卡片特定位置上的孔洞进行识别，并加以自动统计，这一发明被运用于统计1890年的美国人口普查数据，该机器用两年半时间就完成了预计耗时13年的人工统计工作量。这就是全球进行数据自动处理的新起点。

（二）20世纪大数据的发展

1943年，英国为了快速解开纳粹设置的密码，组织工程师发明机器进行大规模数据处理，并采用了第一台可编程的电子计算机实施计算工作。该计算机被命名为"巨人"。为了找出拦截信息中的潜在信息，它以每秒钟5 000字符的速度读取纸卡，将原本需要耗费数周时间才能完成的工作量压缩到了几个小时。

1961年，美国国家安全局（NSA）——一个刚成立九年就拥有超过12 000

个密码学家的情报机构，在间谍饱和的冷战年代面对超量信息，最先应用计算机自动收集信号、处理情报，并努力将仓库内积压的模拟磁盘信息进行数字化处理。

自20世纪40年代，人们就梦想能拥有一个世界性的信息库。在这个信息库中，信息能被全球的人存取，而且用户能轻松地连接其他地方的信息库，可以方便、快捷地获得重要的信息。英国计算机科学家蒂姆·伯纳斯·李发明了一个全球网络资源唯一认证的系统。在这个系统中，每个有用的事物都称为"资源"，并且有一个全局"统一资源标识符"标识。这些资源通过超文本传输协议传送给用户。用户通过点击链接来获得资源。人们通过互联网在世界范围内实现了信息共享。

目前除了数据挖掘和机器学习，数据的分析、使用技术也已经非常成熟，并且形成了一个体系，数据仓库、多维联机分析处理、数据可视化、内存分析等都是该体系的重要组成部分。

美国研究员大卫·埃尔斯沃斯和迈克尔·考克斯，在1997年使用"大数据"来描述超级计算机产生超出主存储器的海量信息，数据集甚至超出远程磁盘的承载能力。

（三）大数据发展迈入新时代

2004年之前，互联网的主要作用是传播和分享信息，其最主要的组织形式是建立静态的网站；从2004年起，以脸书、推特为代表的社交媒体相继问世。一个崭新的互联网2.0时代开始了。互联网成为人们实时互动、交流的载体，这时信息的传播速度有多快呢？2011年8月23日，美国弗吉尼亚州发生5.9级地震，纽约市民首先在推特上看到这个消息，几秒钟之后，才感觉到地震波从震中传过来的震感，社交媒体把人类带到了信息传播的速度比地震波还快的时代。

社交媒体给全世界的网民提供了一个平台，使他们随时随地都可以记录自己的行为、想法，这种记录其实就是贡献数据。全世界的网民都开始成为数据的生产者，引发了人类历史上最严重的数据爆炸。2012年，乔治敦大学的教授李塔鲁考查了推特上产生的数据量。他估算说，过去50年，《纽约时报》总共产生了30亿个单词的信息量，现在仅仅一天，推特上就产生了80亿个单词的信息量。

从人类发明第一台计算机进入信息时代算起，到社交媒体产生之前，主要是信息系统、传感器在产生和收集数据。但由于社交媒体的横空出世，人类自己也

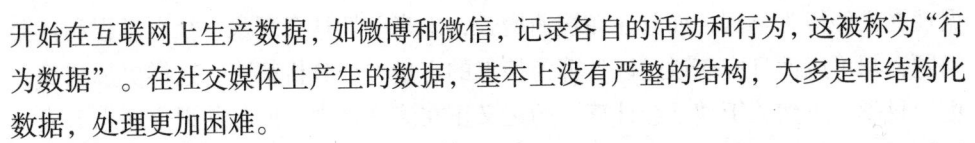

开始在互联网上生产数据，如微博和微信，记录各自的活动和行为，这被称为"行为数据"。在社交媒体上产生的数据，基本上没有严整的结构，大多是非结构化数据，处理更加困难。

目前，全世界的数据大约75%都是非结构化数据，现在的大数据包括结构化数据和非结构化数据。推动人类进入大数据时代的真正原因是，人类使用数据的能力取得了重大突破和进展。这种突破集中表现在数据挖掘上。近年来，数据挖掘的应用还在不断推陈出新，到了前所未有的高度。例如，奈飞公司利用客户的网上点击记录预测其喜欢观看的内容，实现精准营销。再如，阿里巴巴等互联网公司凭借长期以来积累的用户资金流水记录，涉足金融领域，在几分钟之内就能判断用户的信用资质，决定是否为其发放贷款。

回顾半个多世纪人类信息社会的历史，晶体管越做越小、成本越来越低，它是大数据现象出现的物理基础，此时人类才有了制造承载海量数据的容器的能力。1989年兴起的数据挖掘技术，是让大数据产生"大价值"的关键，因为大数据之大并不只是容量大，更在于价值大；2004年出现的社交媒体，则把全世界每个人都变成了潜在的数据生成器，这是"大容量"形成的主要原因。

三、大数据引领的计算兴起

大数据时代，人和社会、物理环境这两大领域的计算都将蓬勃兴起。物理环境领域的计算由来已久，而大数据时代最大的亮点就是人和社会的计算，越来越多的社会问题都将通过计算得到解决。换句话说，由于大数据的出现，社会正逐渐变得可以计算。可以计算的原因是，个人在真实世界的活动和社会状态被前所未有地记录。这种记录的密度很高，频度也在不断增加，为社会领域的计算提供了极为丰富的数据。

（一）社会计算的兴起

社会领域的计算，也被很多学者称为"社会计算"。20世纪90年代，美国的学者提出这个概念时，是从"社会软件"这个角度出发的。最早的社会软件指的是支持群体交流的软件，如MSN、QQ等。社会软件降低了人际交往的成本，使大规模的合作成为可能。社交媒体产生之后，社会软件的功能被发挥得淋漓尽致，个人的行为和思想通过脸书、推特、微博等工具被广泛记录。有学者进一步主张，将基于社交媒体的行为分析称作"社会计算"。

近年来，随着大数据的崛起，越来越多的学者认为，关于人和社会本身的数据现在已经极为丰富，而且还在快速增长，未来一切社会现象、社会过程和社会问题，都可以而且应该通过以计算为特点的定量方法分析解决，这样更加精确，更加科学。虽然关于"社会计算"的定义正在演进当中，国际共识也还未形成，但这并不妨碍相关研究的开展。

通过计算来解决社会问题，正变得越来越普遍。2013年，美国肯塔基大学利用大数据平台，对学生的各种行为数据进行整合。例如，对各门课程的成绩、出勤率、在线学习平台的活跃度、使用图书馆各种设施的记录等数据进行整合，再通过数据挖掘，快速确认可能存在问题的学生，对他们进行专门的辅导，以减少学生流失。2013年7月，有报道称，华东师范大学的一位女生收到校方的短信："同学你好，发现你上个月餐饮消费较少，不知是否有经济困难？"这条温暖的短信也要归功于数据挖掘：校方通过挖掘校园饭卡的消费数据，发现其每顿的餐费都偏低，于是发出了关心的询问，但随后发现这是一个美丽的错误——该女生其实是在减肥。可以想象，误会之所以发生，还是因为数据不够大。大数据的特点除了"量大"，还有"多源"。如果除了饭卡，还有其他来源的数据作为辅助，判断就可能更加准确。

通过社会计算，一些精细的、微妙的、在人类历史上曾经难以捕捉的关系和知识，现在都可以捕捉到。对此，麻省理工学院的教授布林约尔松比喻说，大数据的影响，就像四个世纪之前人类发明的显微镜一样：显微镜把人类对物理环境的观察和测量水平推进"细胞"的级别，为人类社会带来了历史性的进步和革命，而大数据，将成为我们下一个观察人类自身行为以及社会行为的"显微镜"。

人们不仅考虑机器的数据处理，而且为在更广泛的领域发现大数据的社会意义，找到了更多的新途径和富有创意的新见解。社会领域的计算、对类似知识和关系的捕捉，不仅能够有效推动社会治理，还能产生商业价值。

总的来看，从根本上对处理大规模信息的现实需求，推动了大数据相关技术的迅速发展。起初国家安全是大数据技术的主要推动力，超级计算机的发明，大数据的存储和处理技术的出现，大数据分析算法的提出，使得大数据在教育、金融、医疗等许多方面被广泛应用。2012年3月的美国政府报告里明确要求每个下属的联邦机构都要制定一个"大数据"发展战略。

（二）物理领域计算的变革

除了社会领域的计算正在兴起外，物理领域的计算也面临着一场革命，动因就是"普适计算"。传感器、可穿戴设备等微小的计算设备将进一步普及，装备到全世界的各种物体上,包括机器、人体、动物、植物等需要监测的目标,真正达到"万物皆联网,无处不计算"的状态。人类的数据总量将达到史无前例的大规模。

机器将是第一梯队。人类在进入机器大生产的时代之初,机器的效率在不断提高,但到达一个临界点之后,对机器就很难再优化了。当机器和机器相连形成一个系统的时候,其效率问题就更为显著。一台机器的效率可能成为系统的瓶颈,一台机器的故障可能导致整个系统瘫痪,系统的复杂性使工程师常常顾此失彼,难以优化系统的效率。人们如果能通过传感器监测机器的运行状态,通过计算确认各类设备的良好程度,算准时间进行设备优化和维护更新,就能控制生产过程中的不确定性,减少意外情况带来的损失。

目前,全世界有许多重要的、巨大的、日夜运行的机器。这些机器都在一定的温度、湿度、压力、振动、旋转状态下工作,这些参数都是重要的监测指标。美国通用电气公司启动了"工业互联网"计划,2012年7月,它投资1.7亿美元在纽约州斯克内克塔迪市开设了一家电池工厂,该工厂1.6万平方米的厂房内安装了1万个传感器。这些传感器分布在各条生产线上,监控、记录生产过程中的温度、气压、湿度、生产配料、能源消耗等数据。工厂的管理人员则通过随身携带的平板电脑获取这些数据,以便在第一时间发现问题,对生产进行调整。"让每件产品产生记忆",产品在出厂前就被植入传感器,传感器记录它的生产过程;在产品交给顾客、进入服务状态之后,传感器将每时每刻都记录产品的运行情况,产品一旦出现问题和故障,维护人员就可以快速地整合生产记录、销售记录、产品运行记录这三种数据对产品进行分析。

此外,还有生活物联网,即生活电器入网。2014年1月,谷歌以32亿美元的现金收购了一个智能家居设备生产公司。业界纷纷认为,生活物联网的脚步越来越近,我们即将迈进一个智能家居的时代。人们远在外面却可以根据需要遥控家里的一切设备,并且因为所有家居都是自动化控制,这些控制之间的连接可能远远不止自动化这么简单。

物理领域计算的崛起将给全世界带来巨大的机遇。新一代的机器是能够记录自己行为以及与其他机器交换数据的智能机器,在机器"出生"的时候,传感器就已经和机器一体化了。面对机器产生的海量数据,各行各业都需要制定很多数据标准,使同一类别的机器、同一品牌的机器产生的数据能够自由整合、对比和分析。人们还需要新的分析平台和工具。同时,因为生产过程中机器工作实时数据的获得,人们需要制定新的生产流程和规范,以提高做出各种决策的效率,在这个过程中,全世界会需要一大批数字机械工程师、软件工程师、数据科学家和人机交互界面专家。

此外,因为信息超级大爆炸,全世界的数据中心将大量增加,这将拉动硬件产业的发展。数据中心是耗电大户,建设清洁、高效、具有弹性的数据中心将是未来的一个重大挑战。此外,数据中心的增加还将推动宽带网、光纤网的建设,这样各种数据中心就能够跨地区、跨行业相连。

2012年,中国科学院研究员王飞跃率队考察美国的加工制造产业。他认为,新的产业革命已经触手可及,未来的新型制造模式可以称为"社会制造"。所谓社会制造,就是利用三维打印、网络技术和社会媒体,采用众包等方式让社会民众充分参与产品的全生命制造过程,形成个性化、实时化、经济化的生产和消费模式。在社会制造的环境中,大批3D打印机形成制造网络,并与互联网、物联网和物流网无缝连接,构成复杂的社会制造网络系统,实时地满足人们的各种需求。对于社会制造这种生产模式,虽然还有诸多细节有待考虑,但可以肯定的是,其发展前景不可轻视。未来的工业制造将呈现数字化、智能化、定制化和互联化的特点。

2012年,一种新型的智能学习平台在美国兴起,成为高科技领域创新和投资的重点,其中不少公司已经获得了初步成功。这种智能平台可以实现全球几十万人同步学习,在同一时间听取同一个教师授课,做同样的作业,接受同样的评分标准和考试。这意味着人们即使身处非洲,也能和哈佛大学的学生一起学习、听哈佛教授的讲课。更关键的是,这是一个智能平台,可以对学习者的学习行为进行自动提示,从而弥补没有教师面对面交流指导的不足。平台的智能来自大量数据。单个个体学习行为的数据似乎是杂乱无章的,但当数据累积到一定程度时,群体行为就会在数据上呈现出一种规律。通过收集、分析大量数据,人们就能总结出这种规律,然后把这种规律变成不同的算法,将这种算法与新的学习者的学习行为进行对比,可为他们获得最佳的学习效果进行提示和导航,使每个学习者都可能得到个性化、有针对性的辅导。为了收集更多的数据,各个公司、大学的在线学习平台几乎都向全世界免费开放。有更多的学习者,才能收集更多的数据,有了数据,才能研究世界各国男女老少等不同学习者的行为模式,进而发现更好的智能学习算法。

数据是一切行为的关键。大数据好比人类的新土壤,正是依托这片土壤,智能型的文明才得以滋生繁衍,充满生机和活力。未来已经来到我们中间,这将是一个由数据驱动、由算法定义的世界,自动化将接管越来越多的工作。毫无疑问,人类将以此获得更大程度的解放，但同时，这个新的社会形态也将给人类带来空前的挑战。

第五节　大数据发展的时代意义

大数据是一场席卷世界各个角落的深度变革，它不仅直接影响人类社会生产和社会生活，促进人们思考问题方式的转变，而且发挥了"鲶鱼效应"，激发了政府、市场和企业等深层次变革的活力。以往，数据就是信息；今天，数据成为"金矿"。

一、大数据重塑生产关系

大数据不仅是技术，还是生产力和竞争力，从经济基础到上层建筑，大数据在全方位地改变经济、政治和社会。生产关系包括人们在生产、分配、交换和消费等方面的关系，当然，这是小数据时代的思想，因为在小数据时代，人类是最为活跃的，人类的行为产生各种各样的数据。除此之外的数据，都是微乎其微的。

众所周知，由于信息技术的快速发展，近乎所有的人、物、事都会产生数据，这导致地球上的人与人、事与事、物与物、人与事、人与物、事与物之间都有可能产生各种各样的"关系"，并且这种关系更加复杂。地球上任何一个地方发生一件事情，都有可能产生"蝴蝶效应"，都可能与相应的产业、行业、企业、股票、期货等发生联系。数据剧增导致海量"关系"存在，海量数据最终发生两种化学反应：一是地球上的一切都将以"数据的方式"表现出来，二是更多的创新产生，而创新又将推动生产力的巨大发展和社会的巨大进步。各种经济时代的区别，不在于生产什么，而在于怎样生产，用什么劳动资料生产。劳动资料不仅是人类劳动力发展的测量器，而且是劳动借以进行的社会关系的指示器。

从事物的本性角度可以看出，人的劳动能力的发展特别表现在劳动资料或者说生产工具的发展上。按照马克思主义理论，生产工具是一个时代的重要标志，当前时代最基本的生产工具可以说是大数据工具，大数据是思维，也是方法论，也是技术工具，从这个角度来看，当前的时代也可称为大数据时代。在大数据时代，大数据为基本工具，重塑了生产关系，促进了社会政治、经济、文化等各方面的变革。

二、大数据促进教育改革

大数据的流行,给技术进步和社会发展带来了全新的方向,带动了信息技术的又一次变革。大数据资源将成为重要的教育资源,大数据决策将成为教育中一种新的决策方式,大数据应用将促进教育改革。

(一)大数据应用的优势

在教育领域中,较之传统数据,大数据有自己独特的优势。传统数据主要用于辅助教育政策的宏观决策,针对宏观整体的教育状况进行分析决策。而大数据的透析可以针对个别的、微观的受教育者,有利于教师及时调整教学行为,实现个性化教育。

从误差大小来看,传统数据的采集使用阶段性评估方法,在采样中容易出现系统误差,会造成评估分析的较大误差。而大数据的采样采用即采即用或现象记录的技术性方式,系统误差较小。

数据的来源不同、数据应用的方式不同,这是大数据与传统数据的最本质区别。传统数据采集是周期性、阶段性的,人们可依据传统数据对学生的生理和心理健康、学习状态以及对学校的满意度来进行评估。传统数据采集具有事后性、阶段性的特点,并且会使被采集者(学生)产生压迫感。与之相应的,大数据采集是过程性的,关注每一个学生在上课、写作业、教学互动过程中的每个微观表现,在学生不自知的情形下进行,不影响学生的正常学习和生活。这些数据的获取、整理、统计、分析需要专门的程序和专业的人员。

(二)大数据教学模式的不断改善

随着互联网信息技术的高速发展,大数据成为众人瞩目的焦点,教育作为一个大数据应用的重要领域,必将发生革命性的变化。

在教育中,大数据的运用可以改善学生的学习成绩,有利于为学生提供个性化服务。通过大数据分析我们可以发现常规研究中所忽视的重要信息,有利于革新教师的教学模式、改变学生的学习方法、优化教育政策制定的方式方法。目前,网络在线教育和大规模开放式网络课程就是大数据在教育中的典型应用。

美国国家教育统计中心在各教育机构收集学生的考试成绩、职业规划等方面的信息,并利用大数据技术进行分析。通过对大数据的运用,美国教育部创建了学习分析系统,建立数据挖掘、数据模型化和典型案例的联合框架,并以此向教育实施者提供更多、更好、更精确的信息,从而帮助其回答学习者应如何学习等不太好回答的现实问题。

美国教育部为了顺应并推动这一趋势，一项大数据计划于2012年在公共教育中被实施，该计划斥资2亿美元，推动大数据在改善教育中的运用。2014年4月10日，美国教育部发布了该计划的部分综述数据和案例，并宣布从财政预算中拿出2 500万美元用于教育数据挖掘和学习分析。

（三）教育大数据市场的广阔前景

美国的一些企业已经成功地在教育中实现了大数据处理的商业化运作，如全球最大的信息技术和业务解决方案公司——国际商业机器公司（IBM）与阿拉巴马州的莫白儿县公共学区进行合作，通过对学生数据进行探测和对学生的行为进行干预，提高学生的学习成绩。

在一定的技术支持下，公司建立了跨校学习数据库，收集了100多万名学生的相关记录，软件分析结果不仅能够显示出学生的成绩、出勤、辍学率、入学率的发展趋势，还能够让用户探测性地预知导致学生辍学和学习成绩下滑的警告性信号，使用户发现那些导致无谓消耗的特定课程，揭示何种资源和干预是最成功的。监控学生阅读电子材料的情况、网络交流的情况、电子版作业提交的情况、在线测试的情况，可以让教师及时诊断每个学生的问题所在，从而及时提出改进建议。

在未来教育中，高等教育的发展趋向将是个性化教学。在高等教育个性化新时代中课程材料将适应性地满足每个学生的学习独特需求，电子教育、网络教育、主动教育是其显著特点。大数据分析可以应用于教育中的数据挖掘，目前，教育机构已经积累了大量未结构化的和结构化的数据，使研究者有比过去更多的机会去探究学生的学习环境。监测这些信息，形成教育大数据库，有利于进一步总结教育规律，帮助教师理解学生、调整教育方案，掌握学生学习的全过程，提供个性化的教学，提升学生的学习效果。

对于大数据的应用，在数据收集中需要解决以下几个关键问题。一是数据收集标准化。收集数据一开始就要标准化，使用直观的方法对输入的数据进行分类，为数据分析打好基础。二是数据获得问题。海量数据的获得问题不仅是技术问题，有时还会遇到法律问题和伦理道德问题。三是数据收集的数量和质量问题。数据收集既要满足收集速度和精度要求，又需要满足数据质量要求。

总之，大数据的教育应用有利于为学生提供个性化的学习环境；大数据的教育应用为教师了解学生的学习途径和方法提供了崭新的、可视的、可量化的新手段。

三、大数据促进思维变革

（一）整体性思维

整体与部分的关系是古代先哲探讨的重要内容，不论是亚里士多德、黑格尔，还是贝塔朗菲和普里高津，这个研究内容都是不可回避的。在大数据时代，整体与部分的关系将发生新的变化。传统小数据时代，局限于数据采集、存储和分析技术的不足，样本分析是"以小见大""以局部见整体"的便捷思维方式，它使得数字时代之前的大量数据分析成为可能。

随机样本分析，可以花较少的成本做出高精准度的推断，这个方法对掌握同质性事物的性质特别有效，因为"所有数据其实都是样本而已"。虽然随机采样取得了巨大成功，但其本身存在许多固有缺陷，特别是对采样的绝对随机性要求，使得样本容纳不了任何偏见；样本调查无法顾及事物的细节分析，子类型不同，分析结果往往不同；样本分析的延展性不够，调查数据重复使用性不高。对于结构高度复杂、开放的系统，小样本比大样本产生极端结果的概率大。这一切在大数据时代，便不再是问题。

利用大数据技术和云计算技术，人类可以实现"样本＝全体"的认识分析，这种"抽样"到"普查"的转变，可以通过对更多数据、相关数据的分析，提高掌握事物本质的精度。建立在大数据之上的预警机制显示出独特的价值，如果没有大数据，单独分析每笔金融交易是无法判断出异常情况的。正如维克托·迈尔-舍恩伯格总结道："我们总是习惯把统计抽样看作文明得以建立的牢固基石，就如同几何学定理和万有引力定律一样。……如今，在大数据时代进行抽样分析就像是在汽车时代骑马一样。在某些特定的情况下，我们依然可以使用样本分析法，但这不再是我们分析数据的主要方式。"大数据时代，样本分析与大数据分析可以相互补充，发挥各自的优势。当然，我们的思维方式要实现根本性的转变：由样本思维向整体思维转变。

（二）非线性思维

非线性是一个数学学科术语，指的是函数中变量不成比例，呈现不确定关系；非线性的对立面是线性，线性表示一种具有直线关系的性质，变量是成比例的。

长期以来，线性方法一直是科学领域常用的方法，线性思维实际是对非线性世界的简化，线性研究是一种近似研究，与现实世界的真实性存在一定的距离。

20世纪60年代，非线性思维进入公众视野，发现"奇异吸引子"和"蝴蝶效应"的物理学家洛伦兹在其文章《确定性非周期流》中，给出了确定性现象中存在不确定性现象的洛伦兹方程，即长期天气预报很困难，从而丰富了人们对世界不确定性和非线性的认识。片面强调简单性，将否认事物的复杂性，非线性是复杂的根源。世界其实是确定与不确定的统一、简单和复杂的统一、决定性与非决定性的统一。以往人们对于事物的关系拘泥于线性关系，古希腊时期追求严格的因果关系，近代牛顿力学为线性解决问题提供了经典典范。

然而，大数据时代，非线性关系却恰恰是"大价值"的源泉，问题的解决方案往往隐藏在不起眼的"异常"关系或"相关关系"之中。大数据思维在表现出多样性的特点时，非线性也成为它的重要特征。大数据可以通过海量的数据收集，从而更加接近世界本来面目，使人类的认识更加科学、合理。大数据时代，所有的数据都呈现出复杂性和非线性的特点。

（三）容错性思维

在传统小数据时代，样本分析对数据的准确性要求极高，因为结构化数据是寻找事物本来面目的全部凭借，容不下数据的不准确，否则分析得出的结论在推及总体时就会"南辕北辙"。精确性是信息缺乏时代和模拟时代的产物，然而在大数据时代，所有数据不是追求精确性，而是追求混杂性，允许不精确的出现已成为一个新亮点，而非缺点。当拥有了海量数据时，人们借助技术手段可以预测事物的发展规律，小的不精确被淹没在书海之中，因此它是可以暂时被"忽略"的。

另外，从人类认识的精力来讲，获得全部精确的数据也是费时耗力且没有必要的。同样，混杂性不是竭力避免的，清楚地分类被更混乱却更灵活的机制取代，这些机制才能适应改变着的世界。标签被广泛地运用在社交网络上，有了它们，互联网的资源才更容易被找到，有时人们错误的标签会导致资源编组的不准确，混乱的标签会使我们拥有更加丰富的内容，同时我们可以更深更广地获得各种资源，通过合并多个搜索标签来过滤内容。这种混杂性是对传统精确性的一种对抗。人们只有放弃对精确数据的执着，才可能拥有海量的数据；只有放弃对精确数据的迷恋，才能利用有限的时间做更多有价值的工作。在某种情况下，也许包容错误产生的价值要远远大于执着避免错误产生的价值。"大数据"通常用概率说话，而不是板着"确凿无疑"的面孔。

维克托·迈尔-舍恩伯格指出:"执迷于精确性是信息缺乏时代和模拟时代的产物。只有5%的数据是结构化且能适用于传统数据库的。如果不接受混乱,剩下的95%的非结构化数据都将无法利用,只有接受不精确性,我们才能打开一扇从未涉足的世界的窗户。"这说明了在大数据时代,传统的精确思维要向容错思维转变,放弃对绝对精确的渴望,容许一定程度上的混杂与错误,人们才能从宏观视角获得更强大的洞察力。

第二章　高校信息化建设的现状

21世纪，信息化建设起着至关重要的作用，各行各业的发展都离不开信息化建设。高校在提升教学水平和教学效率的过程中，信息化建设也是重要的一环，它推动着高校的教育体系不断完善。教育信息化建设是在教育领域中全面应用现代信息资源和现代信息技术的过程。

第一节　高校信息化建设取得的成绩

一、信息资源库雏形基本形成

近年来，在我国政府推动和社会发展影响下，高校信息化建设及教育教学改革稳步推进，以图书馆电子资源、教学资源、科研资源为主体的高校信息资源在不断完善。高校信息资源整体水平基本满足高校和社会所需，信息资源库雏形基本形成。

基于资源共享、合作共赢的高校图书馆电子资源建设影响深远。中华人民共和国成立初期，我国国家图书馆积极联合各高校进行共享资源建设工作，2000年在厦门召开的全国各地的图书馆改革的经验交流会上，政府适时启动中国电子图书馆、数字图书馆联盟建设，各省市区域高校本着联合建设、互惠互利，开展区域共享与合作，并逐步实现跨校、跨地区的省级电子图书资源共享，有效推进了数字图书馆的发展。

除了各高校，中国高等学校数字图书馆联盟等多家组织机构，也积极地参与到国家数字图书馆的建设和发展中来，开发建成了各种级别和各种类型的教育教学资源库，来共享网络资源。在政府打造的大平台下，各高校课程与教学改革速度加快，这也刺激着高校积极整合建成具有自身特色的教学资源库，一半以上高校根据自身需要，创建适合本校发展要求的教学资源管理平台，绝大部分高校还结合本校教学特色发展了自身的电子网络图书资源。

二、高校智慧校园建设的推进

智慧校园是利用大数据环境下的互联网技术，实现校园布控，为学生和教师提供一个安全、便捷、规范的学习环境。利用大数据技术下的人脸识别实现通行门禁、访客预约、异常报警，守好校园安全的第一道门。信息化管理提供一站式的校园生活服务平台，规范学生日常学习及生活行为，加强学校与学生间的沟通，提供公共信息服务。大数据支持下，高校信息化建设不断加快，向更高效、更智能、一体化校园的方向发展。

三、教育信息化的应用水平有所提高

在高校信息化建设中，高校的信息化管理发展非常快，教育教学的信息化改革与信息化建设同步进行，成果颇丰。20世纪末，我国的网络远程教育正式启动。此外，在教学应用中，一些高校设置了网络课程学分计算相关规定，部分高校还通过校校联合共同开发网络课程供学生修读，并制定了网络学分认定办法，落实学生通过互联网在国内外院校修读的课程学分，若成绩合格可以获得相应的学分的政策，实现基于网络课程教育的学分互认。

学校在普及信息化技术教育课程中，大部分开设了信息技术相关课程及信息技术应用课程；在课堂教学中很多教师使用多媒体并采用信息技术。我国高校积极打造的网络课程和远程教育，越来越成为高等教育机构和社会终身教育机构有效开展信息化教育的重要组成部分。

高校信息化在教育教学、学生管理、科研等多个领域的建设和信息技术的运用，优化了高校教育和管理结构，提高了教师和管理者的信息化水平，有效提升了高校的服务水平。在高校信息化长期建设过程中，我国政府及各相关部门积极营造良好的环境，完善扶持政策，搭建合作平台，加大扶持力度，为教育事业发展创造了良好的发展空间。目前，我国高校信息化建设已经取得了阶段性的喜人成绩。

四、高校教育管理的效能不断提升

（一）大数据促进教学资源共享

2013年是中国教育管理大数据元年，也是中国慕课（MOOC）元年。高校教育资源分布不均、建设经费紧张，在这种情况下，基于云计算技术的大数据

MOOC平台应运而生。MOOC就是基于开放教育和共享理念，旨在提高教学质量和资源使用效益的产物。

我国MOOC组织模式主要有三种：一是加入国外MOOC平台；二是建设本土MOOC平台；三是引进国外优秀MOOC资源。我国MOOC课程包括通识课程和专业课程两大类。虽然商业化的公司也推出在线教育，但是商业化公司的目的在于盈利，以高校或高校联盟为主建立的教学资源平台更贴近学习者。

授予证书和认定学分是推动在线教育发展的动力。有学者对我国MOOC的所有课程进行了调查，调查显示80%的课程授予证书，其中，课程数量和授予证书最多的是理工类课程，医学类课程中收费认证课程占比最高，教育学类课程的证书认证有较大的发展空间。目前，我国高校间课程学分认定主要还是局限于各高校内部及高校联盟间学分互认。在高校内部，MOOC更多的是用来进行混合式教学和改善课堂教学质量。未来教育发展的趋势要求高校要加大基于互联网开展学历与非学历继续教育活动的力度，加大不同平台指定课程的学分认定力度。中国MOOC课程学分认定面临两难问题：对社会学习者学分如果不加以认定，将会失去在线教育发展的持续动力；对社会学习者或非本校、非本联盟学生课堂学分的认定，又会面临考核评价标准一元化的难题。

高校课程联盟如雨后春笋般涌现，有力地促进了优质教育教学资源的共享。由上海高校课程中心等推出的课程主要以通识课程、基础课程为主，全部免费使用，部分高校课程联盟还实现了学分互认，拓展了服务包的内容，增强了联盟的吸引力。混合模式、翻转课堂是上海高校课程中心的优势。高校课程联盟相对于商业化公司的在线教育来说，在认证方面具有无法比拟的先天优势。

（二）教学方式改革

大数据时代，"互联网+教育"已深入人心，但是采取哪种策略融合，则是对教育者提出的挑战。美国高等教育信息化协会发布的报告显示，大部分学生表示在包含在线和面对面的混合环境中学习效果最好。移动学习、泛在学习是未来教育的发展趋势，其具有即时性、参与性、情境性、社会性、泛在性、愉悦性等优势，将在碎片式学习中发挥优势，成为课堂教学的有益补充。目前我国诸多高校运用大数据技术进行教学方式改革的探索，取得了初步成效。

（三）科学研究支持

首先，科研大数据的共享是高校进行科学研究、实现科研突破的基础。开放的大数据才能称其大，大的数据才能促进科研的发展。同理，高校科研工作也需要开放的大数据支持。科学研究规模不断扩大,复杂性也不断提升,高校是科研的重要阵地,科研人员需要采集海量数据,这对传统计算技术提出挑战。以云计算为基础的高校大数据平台,为科研资源的共享、提高资源利用率及按照科研需求定制服务模式等方面提供了广泛而兼容的科研环境。

其次,科研大数据驱动社会科学更"科学"。社会科学研究在大数据背景下可以将原子论和整体论融合与统一,形成"从定性到定量,从简单分析到复杂处理,从属性数据到关系数据"新的研究范式。社会科学将脱下"准科学"的外衣,全面迈入科学殿堂。社会学家艾伦·巴顿认为,"在过去30年,经验性的社会研究被抽样调查主导"。这种随机性使社会科学备受逻辑性、科学性不足的诟病。自然科学和社会科学是人类知识的两种类型,自然科学研究的对象是物理世界,讲的是"精确",也能通过各种努力达到"精确",引力波的发现证实了爱因斯坦的广义相对论的正确。但是社会科学因其研究对象是人,其规律是随机的,讲求概率,导致"测不准",故而社会科学又被称为"准科学"。在大数据时代,大数据成为我们观测自身的"显微镜",使越来越多的社会科学由定性研究向定量研究转变,教育也将变成一门实实在在的实证科学。华中师范大学中国农村研究院针对中国农村村庄信息统计无法到村的不足,借助互联网地理信息技术,实现了对全国60万个村庄的数字化管理,提出了"中国农村数据率",实施了"百村十年观察计划",充分利用大数据,实时采集数据,进行社会问题的科学研究。

最后,大数据科研管理平台为高校科研管理者提供了智慧化管理手段。截至2020年6月30日,全国高等学校共计3 005所,各个高校,不同学科申请不同的课题,课题项目重复度较高,不同学科间缺少交流。这些问题在大数据统一共享平台建立下便无处遁形。

第二节 高校信息化建设面临的困境

一、高校信息化建设面临的挑战

(一)数据融合挑战

站在客观角度来说,在当前大数据环境下,数据信息就是资产。而高校承载着海量的信息数据，它们的信息数据的提取能力反映了高校信息化建设水平的高低。高校信息化建设缺乏统一的顶层设计与规划管理，即便很多高校建立了校园网站、图书系统、教务管理系统等各项业务系统，由于各系统间的数据没有进行统一的管理，各种数据形成孤岛，无法汇聚，这不利于数据信息的整合分析。从这一角度来看，高校的信息化建设必须从当前校内现有各业务系统出发，互通有无，加强联系，实现信息数据的共享交流，从而为高校的信息化建设提供更真实、更可靠、更有效的数据信息。

（二）信息安全挑战

在信息数据的采集、分析、应用等各个环节，或多或少包含隐私性、敏感性的数据。如果信息数据一旦被破坏，不仅会影响数据本身的真实性及使用价值，还会给高校决策带来影响。一旦数据泄露，还会给高校师生的个人信息安全带来隐患。从这一层面来看，高校在信息化建设过程中，如何确保信息安全也成了必须要解决的问题。

（三）人才队伍建设挑战

在大数据时代，高校信息化建设更追求建设系统的独立性、稳定性和保密性。然而若以单一的部门需求为基准进行规划与建设，往往会使信息化建设中的软件硬件设备、数据库系统等呈分散状态，这样各部门间的信息沟通会受阻，就很难提升高校信息化建设的水平。高校缺乏技术型和管理型的专业技术人员开展高水平的信息化建设，制约着高校信息化建设进程。

因此，高校要重视人才在信息化建设中的重要作用，加强信息化人才队伍建设，打造技术过硬、稳定的人才队伍，保持高校信息化建设人才队伍相对稳定和可持续发展，从而为高校信息化建设提供强有力的支撑。

（四）数据挖掘能力挑战

高校通过各业务应用系统、传感器等信息采集工具收集数据，并将这些数据进行数字化处理。在数据的采集与分析过程中，必须要确保数据的真实性，避免人为破坏或者篡改信息。面对海量的数据信息，加之数据的类型与结构复杂多样，我们往往很难直接从里面提取有价值的信息，必须将那些非结构化的数据进行转化。在这一转化过程中，往往会丢失部分数据，这也在很大程度上影响了数据的真实性与可靠性，严重降低了数据的价值，这对高校信息化管理部门的数据挖掘能力提出了挑战。在对大数据进行分析、挖掘、应用的过程中，我们必须从数据源中提取信息，避免在后续各环节中信息出现失真现象。

二、高校信息化建设存在的问题

（一）管理体制分割严重

高校的信息化建设是一项系统的工程，每一个环节都离不开各部门的同步参与。在高校信息化建设过程中，由于政策的不完善，高校规划缺乏统筹与指导，往往遇到标准不统一、管理头绪多和机制矛盾突出等问题。

随着高校信息化建设不断推进，学生自主选择学习方式、进行尝试性学习的现象在高校日益凸显。学生利用课余时间能够根据自身兴趣和爱好主动学习，这是对被动式学习课堂的有益补充，但是这种探索式学习需要有足够的教学资源保障。我国高校的优质的教育资源不能被充分地利用，资源的使用效率有待进一步提高。我国高校间分割严重，交流与共享不通畅，容易重复建设，这大大浪费了人力和物力，凸显了高校信息化的公共服务平台协调性不高。

（二）高校教育理念滞后

某些高校对信息化建设的认识不够深，这严重影响了高校现代教育的重大变革，使其较为保守和滞后。部分高校没有把信息化建设作为本校的基础性工作，更没有与之相应的建设规划、相关政策、组织机构和配套设施。有些高校由于信息技术水平较低，不能很好地融入时代的潮流，严重影响了学校的教育水平和质量。因此，这些高校不能够主动地运用全新的教育教学理念，利用信息技术来改善学校的教学状况。

（三）对高校信息化认识不清

从各行政主体对高校信息化的认识上看，由于政府职能行政参与部门多，而各部门在规范化建设中，往往只从信息化技术本身出发，忽略了高校信息化建设的目标本质所在。厘清信息化建设中的主体及其所承担的任务，进行准确的角色定位，才是高校信息化建设的关键。

首先，高校的管理信息化是政府主导下，对所属高校进行信息化管理的建设，顶层设计和主体都是政府，高校根据自身管理需要，可以进行开发，起到有益补充。当下各高校自主权限的灵活性，使其往往投入大量财力物力搞管理信息化建设，但由于政府管理信息化的安全和升级需要，部分高校不能跟上政府发展的步伐，造成不匹配和实用性不强的后续问题出现，因此又要开始新的重复建设和投入，这样的规划建设往往流于形式而起不到真正的作用，很大程度上浪费了资源，后续问题繁多。

其次，部分高校为信息化而信息化，不注重和高校传统的教学工作相结合，信息化前置于教育，教师和高校疲于信息化，厘清政府信息化概念显得尤为重要。我国的信息化建设是在政府规划和组织下，在所涉领域进行完全的信息技术运用，深入挖掘信息资源来推动信息化的进程。高校信息化建设的重点在于高校教育教学，高校的首要任务是为社会培养合格的建设者和接班人。但若一味地追求丰富的教学信息资源，沉迷在网络课程开发中，大搞资源建设投入，而忽略了教学内容，不仅仅使教师疲于新教学方法的学习和掌握，高校自身也浪费了大量的财力物力。这种舍本逐末造成的教育缺失，使得政府和高校花费大量财力物力搞信息化建设，却成效不足。

最后，从我国信息化建设定义来看，它是一个漫长的过程，能够推动社会各领域变革和发展，高校信息化建设不能仅仅停留在建设本身。随着我国信息化建设的推进，高校硬件设施已经完备。部分高校的信息技术的应用与发展滞后，已开发和规划的硬件由于技术不到位等原因，在高校显现的实际情况却是基础建设不能很好与高校实际完美匹配，就像建好的豪宅无人居住一样，这对信息化建设本身来讲，就是大打折扣，相当于所有建设投入没有实现有效的信息化，何谈建成后还能够推动高校信息化的建设。

（四）高校信息化建设不够统一

目前，部分高校内部信息化建设没有进行统一的规划和管理，出现了二级院系各自为政的现象，难以进行统一的管理和统计。此外，由于一些系统所采用的信息版本各不相同，数据标准不够统一，在全校范围内形成了一个个人为的信息孤岛。这不仅使学校大量的资源消耗，浪费严重，还使学校在进行统一管理时面临巨大的问题，并且给学生带来了很大的不便。譬如，面临各个系统不同的访问接口，学生可能需要不同的用户名和登录密码，这给学生增添了许多麻烦。

（五）高校信息化队伍存在问题

1. 高校信息化队伍发展受限

高校信息化人员职称晋升和薪酬制度一般参照实验人员，但由于种种原因，该类人员在晋升职称、提高薪酬等方面均有很大困难。具体表现在：工作负担重，没有时间潜心研究，在与校内同系列人员的竞争中不占优势；对于分布在学校各职能部门的兼职人员，由于工作缺少奖励机制，因此他们的工作热情很难被激发。

2. 高校信息化人才工作强度高

尽管各高校信息化部门的职能分工有所不同，但岗位设置和职责要求差别不大，高校信息化人才周平均工作时间大于60个小时，超过八成的信息化人才工作负荷饱和，甚至严重过量。这也是高校个别信息化人才离职的主要原因。

3. 高校信息化队伍岗位定位不高

高校的信息化从业人员多属于教辅系列，主要从事技术工作，归属于学校后勤保障服务部门，不同程度地被边缘化，难以主导全局信息化工作的推进。

4. 高校信息化队伍人事制度不健全

高校信息化部门的职员，一般按照教辅人员来评定成绩，但信息化人员在工作强度、职称评定、绩效考核方面相较实验室人员存在先天劣势，具体表现为信息化人员工作时间较长，没有学术研究平台，在职称评定中无竞争优势，绩效奖金较少。

同时，与教师岗位人员相比，学校没有为高校信息化人员提供继续求学深造的机会，有的高校反而出台限制措施，阻碍在岗人员在职求学深造。这样势必造成信息化人才队伍发展受阻，难以实现信息化人才队伍梯队建设。

（六）信息孤岛使得资源未得到共享

目前，部分高校进行的信息化建设缺少规划，缺乏统一的管理和协调。例如，现在许多高校很重视信息化建设，但是各个部门仍旧只是对自己部门的数据进行管理，整个学校没有统一的应用软件或是平台，各个部门之间形成了一个又一个的信息孤岛，其所掌握的资源不能共享，这对信息化建设中的数据挖掘造成不便，还很容易造成规划的重复操作和严重的资源浪费。

（七）信息化意识、信息化素养有待提升

随着信息技术的不断更新、软件应用知识的日益增加，高校的信息化建设对使用者的信息化水平的要求不断提高。高校的信息化建设除了要改善高校的办学条件和增强办学实力外，还需要不断提高师生的信息化水平。

从信息技术的开发和应用实际来看，高校信息化建设需要信息技术相关专业的专门型人才。而从各高校的信息化建设人才队伍看，除了信息中心或网络中心的岗位外，各行政管理岗位、教学专任教师或是教学技术研发岗位的专门型人才都是匮乏的。

当下校园信息化进程大多采用的是借鉴、汲取的方式，没有从学校自身的实际情况出发，进行有效的信息化建设。从人的方面看，一是缺乏具有敏锐洞察力的信息化人才；二是缺少专门的信息化技术的研发人才。从使用者的角度出发，一些高校在信息化建设过程中，忽视了对师生员工，特别是教育教学一线的教师和学生管理人员的信息化应用技术等相应内容的培训，大部分一线管理人员和教学、科研教师对信息化知识和信息技术的应用知识的学习不够。管理人员应结合高校管理实际培养二次开发的能力，教学、科研教师应将信息技术的应用与实际教学和科研有效融合。教师若对信息系统、信息技术很陌生，在实际教育教学过程中，就不能合理地运用多媒体软件。一些教学、学生管理工作者信息化水平偏低，不能很好地利用现代信息技术手段去获取、分析资源或者处理常规工作，缺乏主动性，这会直接影响工作的质量和效率。部门之间的信息化不能有效衔接，导致信息化使用完全化大打折扣，效率降低，难以适应高校现行的信息化发展的需要。

（八）教育管理信息的零散及不对称问题

信息时代的进步给人类带来太多的信息，较之于太少的信息，这也给人类带来一定的挑战。文化的浓缩是电子媒体的特色功能，然而随之而来的文化的碎片化却是人类发展的一种障碍。如今人们得到信息很容易，这是信息技术日益发展带来的。教育管理人员拥有如此繁杂的信息，在选择时很可能错乱，这样就使得判断出现困难，从而管理或决策也容易有很大的问题。由此信息在传播时也导致了新的信息匮乏。

信息不对称理论是由诺贝尔经济学奖获得者詹姆斯·莫里斯和威廉·维克瑞提出的，主要是由于参与者对信息的了解和掌握是有差异的，各方拥有的信息不对等，因此在经济活动中，就出现了不对称信息下的交易关系。信息不对称理论提供的有新意的视角是可以用于教育领域的。

在信息时代背景下，对于高校来说，学生之间、教师之间、师生之间的内在关系，也存在着信息不对称的现象。尤其是教学管理中存在着信息不对称的现象。教学和管理中信息化对学生和教师的要求是有所不同的，如对计算机操作技能的不同要求，这就很难保证教育的公平性。

对于教师教学质量的评价，在收集学生网上反馈的信息时，教师可能过于严格，因此学生进行评价时就会受多方面因素的影响而比较随意。所以倘若教师的教学质量只取决于学生单方面的评价，将难以促进教师教学水平的提升。

第三节　制约高校信息化建设的因素

一、人才短缺

这些年来，虽然高校信息化建设取得了一定的进展，但其毕竟是对互联网技术的应用与延伸，市场上的互联网技术人才是稀缺资源，学校很难争取到互联网技术领域中的高端技术人才，而服务于高校的信息化公司可能存在着产品落后于大环境、服务水平无法得到保障、产品差异化不足等问题，这使得高校信息化建设更加缓慢，并且对于高校的信息化体系，难以有一套专用的、适配的信息化产品。此外，高校对这方面配备的人员也较少。

调查显示，部分高校目前仍只有一部分维护日常网络的工作人员，而没有专门针对信息化建设的职能部门。这也从侧面说明部分高校对这一内容的重视程度仍不够。教师能否迅速适应信息化的新要求也是一个问题，传统教育思维模式可能使一些教师不能适应新的信息化教学模式，从而使一些教学资源无法得到及时有效的转化与输出，导致教学资源利用率低，学生的学习也会受到影响。

二、信息环境建设落后

高校信息化建设中还存在部分高校由于资金投入不到位，信息技术的软/硬件设施建设落后的现象。特别是一些民办高校因为办学资金紧张，这样的情况尤为明显，如用于信息技术教育的机房设备过于陈旧，高校信息化、网络化建设还处于初期阶段，不能适应当今高速发展的现代化、信息化办学要求。部分高校对非常陈旧的信息设备舍不得淘汰，信息设备升级拖泥带水。

高校网络建设跟不上信息技术的发展，有线网络带宽严重滞后。也有部分高校在信息化建设中急功近利，重视信息技术硬件环境的搭建，而忽视了软件环境的建设。部分高校在信息化环境搭建过程中有些硬件设备并未得到软件的支持从而利用率很低，有时等软件支持以后硬件又过时，不得不再更换硬件，从而造成大量的信息化建设资源浪费。部分高校在信息环境搭建过程中出现对硬件环境建设迷信新设备新设施的现象，在对硬件设备的使用情况不完全清楚时，就盲目地加大投入力度，而对于软件环境的建设因其需要较长的研发过程，时间周期长、见效慢，所以其投入相对硬件环境明显偏低。硬件环境的投资大、软件环境的投资小的现象在部分高校表现得非常明显。

三、缺乏信息化发展规划

目前，部分高校在信息化建设进程中缺乏统一的部署和长期的规划，并没有统一的访问接口，从而造成学校与二级学院之间大量的重复建设，信息化建设无法统一。部分高校的二级学院成了"信息孤岛"，它们分散了信息资源建设的人力和物力。

信息化建设的长期开展和推进需要统一的信息化总体规划，如果信息化建设的整体目标和统一的发展方向模糊，就会给信息化建设带来许多问题。例如，需求不匹配、重复建设、信息孤岛等现象，严重危害了高校信息化的可操作性、可持续发展性。高校信息化规划是对硬件、软件、技术等资源进行组织、安排，构建各种所需资源，并使各资源有效运作起来达到高校所需状态。

信息化总体规划包含以下几个方面。第一，高校在一定的历史背景的基础上，诊断、分析、评估高校管理和信息化现状；第二，在借鉴国内外信息化方面的实践经验并结合最新信息技术的发展趋势的基础上，进一步提出高校信息化建设的远景、目标和战略；第三，制定高校信息化建设具体实施策略。在对信息化目标和内容进行整体规划的战略高度上，高校应全面系统地指导信息化建设，组织协调对信息技术的应用，统筹兼顾自身信息化发展的现实需要与发展战略目标的要求。

做好高校信息化发展规划，是保证高校信息化健康发展的关键。高校信息化建设是一项全局性的系统工程，需要整体规划。规划的核心是设计，既需要国家层面的设计，省级层面的设计，也需要学校层面的设计。

四、教育信息化能力偏低

高校信息化建设的核心是教育信息化。部分高校教育信息化的发展不够深入、教学模式相对单一，信息技术与教育教学规律并没有进行有机的结合，对高校教学质量和教学效率的提升效果不显著。现代信息技术快速发展，其在高校建设中的作用越来越大，特别是新一代信息技术的出现使高校信息化建设呈现加速发展状态。部分高校的决策者、教职员工对信息技术，特别是新的信息技术缺乏基本的了解，更不能将其应用在教学、管理、科研中。部分高校存在学生应用信息技术的能力远超过教师的现象，学生通过信息技术的发展，在学习过程中不仅可以利用教师的多媒体课件进行学习，还利用互联网查阅、下载网络视频学习资源或采用远程教育的学习方式进行再学习。信息化带给学生多种学习模式，有的学生利用新一代信息技术如虚拟存储、数字校园等的能力远超过高校部分教师。

目前，我国很多教育资源内容不够丰富，部分教育资源存在重复建设、水平有限的问题。由于网络技术的应用，网络上有诸多的教育信息资源。但是这些教育信息资源很多内容重复、大同小异，真正能够应用到高校教育教学中的优质教育信息资源很少。部分高校教师对如何在大量重复的信息资源中筛选出高质量的教育资源更是表示没有好办法。

五、信息化组织机构职权不清晰

目前高校信息化组织机构职权不清晰，高层领导、业务部门、各级学院部门、信息化管理部门各自拥有的权利和应承担的责任不明确，影响了高校正常运行的效率，制约了信息化建设的发展。高等学校的信息化建设，应当完善组织机构，以信息化主管为领导主体。信息化领导小组提出建设规划，高层领导决策后，信息化办公室负责具体实施，进行开发维护。广大师生员工为最终用户，被赋予具体使用和为应用系统改善提供反馈信息的双重意义。

在信息化建设过程中，要突出信息管理部门的地位和作用，使其听从高校最高层领导的直接指挥，以有效地贯彻组织结构创新的原则。其他部门要服从高校高层领导，并积极配合信息化管理部门的工作。反之，如果信息化组织机构及其职能的设置出现不协调的现象，那么高校信息化的应用效果会大打折扣。

合理的信息化组织机构应该包括高层领导、信息化管理部门、各级学院部门、业务部门四个层面：高层领导主要对信息化建设进行宏观管理；信息化管理部门应在高校信息化规划的提出、信息化人员的培养、信息化工作的开展等方面发挥作用，工作核心放在信息化的应用、技术、管理和用户等方面；各级学院部门作为高校资源和高校运行的核心部门，本身是信息化建设的使用部门；业务部门的工作主要集中在日常教务、校园生活服务等服务化工作上，强调信息化应用的使用。

六、信息化建设项目经费投入不足

高校信息化投资按其投资性质更倾向于生产性投资，如果高校信息化建设投入不足，就不能有效地提高在校大学生的综合素质水平，即不能有效地提高劳动力的质量；高校信息化建设资金短缺还会减慢科技转化为生产力的速度，即延长科学发明的时间。

高校信息化需要一定的经费保障，但是目前我国高校的办学经费紧张，教育信息化建设经费来源少导致我国高等院校信息化投资总量不足。我国高校信息化建设在信息化基础设施配备、信息化管理和信息化人员培训等各个方面的经费投入都还不够。只有部分高校在信息化建设上投入了较多的资金，这使得高校信息化发展水平和服务质量等方面远远不能满足高校教育科研的需求。

第四节 高校信息化建设的发展趋势

一、数字化发展趋势

在高校的教学管理中需要处理多样化的、数量庞大的信息，这些信息包含"数字化信息"和"非数字化信息"。例如，学生成绩和教学课时数就可定义为数字化信息，而教学质量和教学效果则是非数字化信息。相对于数字化信息，非数字化信息在处理上会更加困难，因为它本身不是数字化信息，处理时必须用数字化转化的手段将其转化为数字化信息。

数字化是高校信息化建设不可撼动的发展趋势，同时也是信息化的本质。从目前发展的现状来看，教学管理信息系统已经给非数字化信息转换工作带来了很大的便利，其让信息系统中的各项事务都将以数字化的形式出现在管理者面前，更方便存储与调用。

教学管理信息化体系的广泛应用，让教学过程中的数量庞大的信息基本都被数字化，其不但降低了信息整理和存储的成本，也方便了高校各职能部门和教师对相关数据的调用。同时借助网络不限时间、不限空间地随时调用教学信息，方便了信息的传播和利用，让教学信息能够最大限度地实现共享，提高了信息的使用效率。利用新信息技术来完善高校教学管理信息化系统，是高校未来发展的趋势之一。

二、网络化发展趋势

随着教学管理信息系统在高校内的广泛应用，其让教学信息在高校内和校与校之间的传递也变得越来越便捷，教学管理部门在教学管理过程中可依靠信息系统更加便捷地进行信息的收集和共享。网络化是信息技术的灵魂，如果高校内的各信息单位没有连接网络，那么其只能利用信息技术进行信息的收集与整理，并且信息收集方式也会是脱离了信息化技术的、传统的、费时费力的方式，信息化建设就没有太大意义了。网络化指的是使高校内的各部门、各院系之间，以及高校与高校之间通过计算机网络进行联系，从而搭建一个信息化教学管理平台。在各平台中的各个用户都可以通过客户端登录平台进行信息的查阅、传送和利用。

另外，网络化还指学校建设校园网，在一个信息化系统之中实现对教师、学生、课程等的管理，且利用这些系统能够很方便地对信息数据进行交流。高校可以通过网络化，实现互联网与校园网之间的关联，从而充分发挥教学管理信息系统的作用。

同时，高校外界也能够通过网络化信息系统对学校的公开信息进行查询，了解高校的现状，社会外界对高校就有了了解渠道，这有利于学生进行择校选择和企业进行人才挖掘。高校通过对教学管理的信息化建设，可以实现社会资源和学校资源的整合与共享，从而能提高高校的教学管理效率。

网络化也是高校未来的发展趋势之一，现今无论是社会还是高校，其网络建设都已经实现了广泛覆盖。但社会对网络速度的需求是不断提高着的，这迫使网络技术不断革新的同时，也让高校在网络化方面迎来了更多的挑战。

三、智能化发展趋势

智能化指的是由现代通信与信息技术、计算机网络技术、行业技术、智能控制技术汇集而成的针对某一个方面的应用。高校教学管理的信息化系统发展至今，运用了多种信息技术，如数据库技术、人工智能技术、多媒体技术、计算机网络技术等，因此其逐渐呈现出智能化的发展趋势。并且，当代社会对于智能化的需求越来越迫切，高校教学管理环境也应该顺应时代融入智能化发展中。

教学管理信息化系统在未来对其结构进行设计时，将会充分运用人工智能技术，这能方便搜索推理的实现。借助先进的模块管理技术和数据库技术，联系教学管理中的各个相对独立的教学环节，有利于综合管理的实现。原来在教学管理当中，各个环节是相对独立的，教学管理信息化系统的出现让这些环节获得了联系的渠道。比如，教学管理信息化系统可以通过一个智能化的模块程序来实现教学行政子系统和教学任务之间的无缝连接，从而可以利用智能化技术根据在系统中所收集的教学信息自动生成课程安排（课程表）和考试时间安排，这样可以避免人工计划中可能出现的冲突；另外，由于教学管理信息化系统中运用了大量的计算机程序和高级语言，可以模拟出一定程度的、类似人类思维的思维过程，这使得系统自己进行逻辑推理工作成为可能。

四、扁平化发展趋势

在传统高校教学管理中一般采用的是垂直化的管理模式，而随着高校信息化教学管理的发展，高校的教学管理模式开始向扁平化方向发展。在传统的教学管理中一般是按照科层制而组织的，在这种组织框架之下，资源、信息与权力之间往往呈现出一种垂直的格局。随着信息化系统的应用，在教学管理当中的大量中间层级逐渐被去掉，信息传递模式由以往的垂直模式渐渐变为扁平模式，教学管理的框架也渐渐被扁平化趋势取代。在传统垂直化教学管理模式之下，高校的组织分工较为繁杂，因而管理效率较为低下。

同时，传统垂直化教学管理模式有着管理层级较多的弊端，其将信息传播的速度降低了。且在垂直化教学管理中信息会经过几道层级最终下发到执行者手上，在传递过程中信息有可能失真。扁平化教学管理模式可以克服以上缺点，扁平化必将是教育信息化发展的一大趋势。

五、合作化发展趋势

以往传统教学管理中，教学组织会按照各自的分工原则来进行工作的分配，也就是由不同部门来分管各自的工作，因此各部门之间存在着缺乏合作的现象。随着信息化教育时代的到来，以往垂直化教学管理信息系统转变为扁平化教学管理信息系统，传统的按工作职能分配任务的组织框架便不可能适应信息化教学管理活动的需要。在高校教学管理信息化体系之下，相关管理人员具有较高层次的专业知识、综合素质以及技能，这往往就需要教学管理信息系统以任务为中心来进行工作的安排，从而构成一个有效的任务网，教学管理人员便是这个任务网上的各个节点，任何节点之间都可以实现即时的信息沟通，即实现了真正意义上的合作化。因此，合作化也是信息化教育的未来发展趋势之一。

第三章　大数据对高校信息化建设的影响

大数据的应用对高校信息化建设产生了重要的影响。我们应进一步推进大数据技术与高校教育的深度融合，加快高校信息化建设的脚步，从而推动我国教育事业可持续地发展。

第一节　大数据引领信息化时代

一、信息爆炸式增长

目前各行业的信息数据正呈现爆炸式增长。传感器和以其为基础的物联网正飞速发展，成为大数据变革的一大助力。传感装置不仅环绕、嵌入各种机器，更通过监控装置、智能手机等载体广泛渗透于社会生活之中。

同时，互联网尤其是移动互联网的广泛普及，使得每个人日常产出的数据不断增长，包括图片、文字和语音在内的社交数据、定位数据以及个人生活消费数据等。人们通过智能手机可以随时将各种类型的个人数据用移动互联网上传到云端。粗略估算，目前一个家庭一年产生的数据量，可能达到半个中国国家图书馆藏书的数据量规模。爆炸式增长的数据，是孕育大数据的温床。如何挖掘这些数据中的价值，更是大数据技术发展需要担起的责任。

二、存储的云端革命

不管是对互联网进行运行，还是对其展开维护，都常常会出现很多无法预料的事件造成数据的丢失。例如人为操作问题造成数据丢失，或者天灾因素导致丢失大量数据。根据数据的特性对数据进行及时备份非常重要，有利于在遭遇特殊事件或者是为满足特殊需求时对数据进行恢复。大数据时代下的数据规模往往能够达到PB以上量级，其中大部分为非结构化数据，存储这些数据需要大容量的基础设备以及数据存储系统的扩展能力。而大数据处理的实时性要求，则需要设备具有高性能和高吞吐率。以往信息存储的重要根基为关系数据模型，对硬盘的读写速度慢、效率低，使得数据库很难进行横向扩展，灵活性较差，不仅如此，数据量的增长是无上限的，为此不断购买相应的存储设备，无疑会大大增加存储成本。因此，为了适应这些需求，云存储应运而生。

云存储属于新兴的存储技术，更是一种新概念。该概念的提出，实际上是对云计算理念的延伸与拓展。云存储利用集群应用、网络科技等，将网络平台当中多种多样的存储设备借助应用软件进行整合与协调，共同实现数据存储与访问等多个方面的功能。云存储和传统的存储在设备方面存在着很大的差别，前者已经不单是一组硬件设备，还是由存储设备、服务器客户端等多个部分共同构成的复杂系统。这个系统的核心是存储设备，借助应用层的一系列软件提供存储与业务访问等方面的服务。云存储特别注重对虚拟科技的应用，可以在极大程度上减少存储空间随意占用的问题，进而提升存储效率，特别是可以自动重新分配数据，存储空间的利用效率大幅提升。

云端存储进一步降低了单位数据量，让更大范围地推广应用大数据技术拥有了良好的条件以及支撑。而大数据存储和处理的需求，又进一步推动了云存储和云计算的发展，它们共同构成了大数据技术的基础要素。

三、网络的高速发展

对于传统互联网、物联网以及移动互联网而言，"互联成网"是最基本和最具价值的功能之一。即使在孤立的单一节点上能够不断生成数据，但是如果这些数据不能通过网络立即汇入海量数据之中，它们在产生的同时就会迅速贬值，片刻之间就会成为断裂而片面的历史陈迹。

"互联"的魔力在于，当节点接入网络之后，该节点会不可避免地与其他节点接触并相互作用，由此产生"1+1>2"的倍增效应。例如，在社交网络上发表一个状态会引来大量点赞和回复，甚至可能带动一个小范围的风潮。在相互连接的节点的互动之中，不仅产生了更多且更有价值的联动数据，同时各个节点产生的数据也聚沙成塔，成为大数据巨大体量中不可或缺的组成元素。

广泛地联网不仅点燃了信息爆炸式增长的导火线，更为海量数据的采集和融合提供了传统数据记录方式无法比拟的"即时"优势。只有在网络高速路上畅流无阻的数据，才能满足大数据技术即时反馈的需求。

四、计算能力的快速增长

1946年，当第一台通用计算机——电子数字积分计算机诞生时，这个占地面积170平方米、重30多吨、耗电量150千瓦、造价48万美元的"巨婴"，每秒仅能执行5 000次加法运算。从那时起到现在，在摩尔定律支配下，电子计算机中央处理单元的性能提高了，内存的价格下降了，硬盘的价格因此也下降了。

我国的超级计算机"天河二号"计算机，根据测试软件的测试，运算速度达到了每秒33.86千万亿次。"天河二号"1小时的计算量，足够全中国14亿人一起用计算器连续不断地算700年。

这意味着在硬件的计算能力飞速提升的同时，单位时间的计算价格正迅速"平民化"。于是，人们现在可以用更低的价格，购买具有更强大计算能力的硬件。这对于需要运用复杂的算法快速处理海量数据的大数据技术来说，无疑是一个再好不过的喜讯。

如果说信息的爆炸式增长令大数据喷涌而出，存储的云端化令大数据汇流入海，泛在的高速网络为大数据充能蓄势，那么单位价格计算能力的倍增，就如同一声春雷，为大数据技术渗透和滋养每一个行业，吹响了进军的号角。

五、大数据为物联网和云计算提供新视角

在物联网、互联网、云存储和云计算发展的基础之上，大数据技术逐步成熟起来。假如我们把互联网当作信息社会的感觉和运动神经系统，云计算就如同中枢神经系统，大数据是互联网智慧产生的重要根基。传统网络、物联网以及移动互联网，在持续不断地给大数据体系的发展壮大提供多种数据支撑的同时，也通过大数据技术接收各种优化的决策和数据模型，借此不断迭代自身技术，向更高层面发展。

作为信息化社会的产物，大数据技术能够对信息资源的优化配置和充分利用产生极大助力，推动了信息技术的进一步发展，为人们社会生活水平的改善做出贡献。大数据正在改变人们的生活以及人们理解世界的方式。新的机遇和挑战，将会成就社会和技术的发展。

第二节 大数据在高校信息化建设中的重要性

一、高校信息化建设中的大数据

（一）高校的数据源

高校是一个每时每刻都会产生大量数据的地方。我国推行教育信息化以来，这些数据大部分被记录保存了下来。比如，人事、教学、财务等部门的基本业务数据，网络远程教育教学资源的多媒体数据，学生教师在社交网络上产生的网络行为数据，校园网内连接无线网络而产生的位置数据等。

伴随着高校信息化建设的不断深入，有比以往更多的海量数据被积累保存，这对于高校来说，是一笔宝贵的财富。这些海量数据并不是单纯的数据积累、记录和保存，其潜在的价值将会对现代化高校建设产生积极重要的作用。例如，高校通过对"课堂、成绩、就业"等方面数据的统筹分析，能够在一定程度上对传统教育领域的授课和学习模式的改革给予指导；通过对学生的图书借阅历史和选课信息的统筹分析，可以判断学生的兴趣爱好。在这个信息就是金钱的时代，大数据技术的应用将会在高校信息化建设中起到越来越重要的作用。

（二）高校大数据的特点

人们对于大数据的关注，往往过分集中于"大"的特点，而忽略了处理大数据所必须面对的一个难题：未经处理的碎片数据是造成大数据价值密度低的直接原因。在高校内部围绕着教师或学生服务和管理产生的数据也具有"碎片化"的特点。同时有学者还总结了大数据的另一个特点——持续性。持续性体现了校园科研、教学和管理业务的规律，即必须基于长期、持续的数据进行统计分析，靠短期数据分析获得的结论对指导教育教学改革无益。

除此之外，高校的数据还体现了另外一个特点——多维度。多维度能够表征校园活动参与个体的完整状态。例如，对一位学生而言，学习成绩反映学习效果；借书种类反映兴趣爱好；上网轨迹反映思想动态等。高校只有将多维度的数据进行有效整合，通过建立量化分析模型，来反映一个学生的生活习惯与学习进步的相互关系，才能清晰全面地分析学生个体。

（三）大数据教育与传统教育相比的优势

通过讨论大数据与传统数据的不同及高校数据源的特点，我们可以发现在大数据影响下的教育与传统教育相比具有诸多优势，主要表现在以下三个方面。

第一，数据采集。传统教育数据的采集方式主要是问卷调查、心理测试等，采集标准和规则均已完善；而大数据的采集是过程式的，它关注学生在校数据的整个生命周期，关注学生在校生活的每一个微观表现。

第二，策略决策。传统数据诠释宏观、整体的教育状况，用于影响教育政策决策；大数据透析微观、个体的学生在课堂上的状况，用于调整教育行为进而实现个性化教育。

第三，评估误差。传统数据来源于阶段性、针对性的评估，其采样过程可能有系统误差；大数据通过微观持续性记录方式获得，采样的方式误差较小。

二、大数据在高校信息化建设中的意义

（一）重新发掘高校教育的价值

从孔子提出"有教无类"打破教育壁垒，到书院的"会讲制度"打破门户之见，从中世纪大学首倡自由、民主、开放、自治，到近代新式学校率先向"国民教育"转型，教育一直以来就是引领社会发展潮流的一面旗帜。随着科技的飞速发展，我们的教育工具和教育技术不断更新，但教学的本质没变，课堂中教与学的方式没变，教育质量有待提高的现实没变。

大数据的出现，给我国教育带来了新的冲击，给教育变革提出了新的挑战。数据科学的出现，对教育教学方式的改观、人才培养模式的设计、教育面貌的重塑提出了新的要求。大数据在经济、政治、科技、文化等领域已存在的巨大价值，革新了人类的思维，给人们的生产、生活各个方面带来了全新的面貌。通过大数据的分析交换、整合利用，教育领域新知识不断出现，新智慧加速增长，新价值被高效创造。与此同时，在新一轮信息和科技发展浪潮中社会各领域秩序重整，教育要在社会新一轮变革中体现自身价值，引领并服务社会发展，就必须与时俱进，革新教学方式，创新教育管理，提高教育效力。

（二）推进教育深入变革

对于我国教育而言，一方面教育的总体质量不高，培养的大批社会人才中规中矩，创新能力不强，学生空有一套理论却不能很好满足社会和市场的需要；另

一方面，地区之间、城乡之间及学校之间教育发展不平衡，导致教育不公平问题出现。

大数据的发展对困境中的教育变革提出了新的挑战，大数据支持下的教学需要更具说服力与影响力，大数据记录下的教与学的评价体系需要更具科学性与权威性，大数据预测下的学生培养需要更具针对性与实效性。与此同时，大量而又多样化的数据极易引发个人或群体的隐私泄露、对数据的盲目迷信等数据风险。数据资源、教育信息获取和利用的不对称将会导致教育的不公平。寻求混杂性而不是唯一性的教育思维的要求，量化数据下的教育需求与沟通，高门槛与高产出并举的信息管理，无形中都加大了教育走出当前困境的难度。破解长期以来教育的低效与滞后难题，寻求教育质量的根本性提高，直面大数据带来的新挑战，关键在于趋利避害，利用大数据来实现对当前教育情况的精准分析、对教育教学的科学实施和对教育管理的合理把控。

（三）促进资源整合

高校信息化建设如果缺乏科学设计、整体管控，"信息孤岛"会演变为"数据孤岛"。构建现代高校信息资源大数据平台，统一数据标准及规范，建立教育数据共享交换平台，有利于高校进行资源整合和优化配置，消除"数据孤岛"现象，让数据多跑路，让师生少跑腿。

（四）助力人才培养的创新

进入大数据时代，人类正面临最深刻的变革，教育也不例外。传统的教育理论和教学方式可能被彻底颠覆，依靠言传身教的古代精英式教学和注重快速实效的现代大众式教学正在有效结合，基于数据分析的共享式精准教学不再遥远，按需学习、因材施教将真正成为可能。大数据对教育观念、教育方法、教育内容乃至教育体制机制的变革，对新型创新人才的培养提出了更为迫切和现实的要求：日益强大的互联网、多媒体及概念软件、开源软件等为师生提供了更加自由、灵活的学习空间和探索空间，师生求知的视野被极大拓宽；日益频繁的师生活动及社会互动被记录、分析和共享，教育环境的时空界限和信息隔阂得以打破，长期以来潜伏于数据之下的教育理论和规律将日益明朗，人才培养将更具灵活性和多样性；学习与生活、教育与社会不再被孤立，学生、学校与现实生活更为接近，学生的学习兴趣将被大大激发。

大数据为创新人才的培养提供了广阔的空间，而创新人才的挖掘和培养也迫切需要新思维、新理论、新方法的指引和支持。可见，在大数据背景下撬动教育杠杆，为社会积累新的人力资本，培养创新人才尤其是大数据创新人才，将变得更为迫切和现实。

（五）助力管理工作

数据是对现象的客观描述，用数据来支持决策更加科学合理。将大数据引入高校信息化建设中来，利用大数据技术对高校信息资源进行合理的分析总结，提取出各种规律性的信息，为高校全面科学系统地管理奠定了坚实的基础。在学校管理工作中，让数据发挥价值，既有利于全面掌握学生的学习及思想动态，为其提供精准的更具针对性、个性化的教育，又有利于管理人员制定更加科学、合理的制度，提升高校的管理水平。

（六）预测与舆情分析

学生中存在的问题和困惑，往往最先通过网络显露和传播。如果学生的意见和建议得不到重视，就可能在网上广泛传播，个体情绪可能变为群体情绪，网络成为舆论的放大器。高校可通过分析学生网络访问轨迹实现积累监测，利用其需求、行为、动向等众多数据资源加强舆情分析和预警；另外，高校通过对学生数据的追踪和分析，能够发现情绪不稳定的学生或者受不法分子蛊惑的学生，从而及时将有可能发生的悲剧扼杀在摇篮里。因此，精准的预测分析能提升舆情管理工作水平，提高校园管理水平。

第三节　大数据应用于高校信息化建设的挑战与可行性

一、大数据应用于高校信息化建设的挑战

（一）技术层面的挑战

1. 数据源的可用性

关于大数据的一个普遍观点是，数据自己可以说明一切，数据自身就是事实。但实际情况是，如果不仔细甄别，数据也会欺骗人，就像人们有时会被自己的双眼欺骗一样。高质量数据的获取是确保信息可用性的重要前提。高校数据的来源

多种多样，包括各职能部门的基本业务数据、教学资源的多媒体数据、使用网络的行为数据、无线网络感知的位置数据等。数据形态千差万别，如关系数据、标量数据、图数据、流数据、矢量数据等，既有重复性数据，又有冗余性数据，质量参差不齐，加工整理困难。这些校园化数据是否可用给大数据技术在高校中的应用带来极大的挑战。

2. 数据融合的技术性

众所周知，数据不融合就发挥不出数据的潜在价值，高校大数据面临的一个重要问题就是数据融合。作为知识和人才汇集的地方，高校大数据的融合应该走在前列，必须彻底打破数据孤岛现象，将各个业务充分整合。然而，传统的业务系统缺乏长期规划，采用的技术多而杂，在这种基础上实现数据的有效融合，形成高质量的大数据，对于融合技术是一个重要的挑战。

3. 数据分析的持续性

教育的规律有时很难厘清，成功的个体未必能够简单复制，评价教育本身的指标也有一定程度的缺陷，需要几年甚至更长时间去监测和不断更正。因此，高校中的大数据分析，不仅仅是横向对比，如职能部门间、兄弟院校间，更需要纵向历史数据的对比。无论是数据收集、数据清洗的模型还是数据挖掘的模型，都需要随着每天产生的大量翔实而琐碎的数据信息进行调整和修正，这也是一个不小的挑战。

4. 数据挖掘的复杂性

大数据分析无疑是整个大数据时代的核心所在，因为大数据的价值就产生于数据分析过程中。在高校大数据的应用中，无论是做个性分析还是舆情预测，都需要构建特定的挖掘模型。教育行业因为其特殊性，传统的分析技术如数据挖掘、机器学习、统计分析等并不能完全满足高校大数据分析的需求，因此，高校需要在数据预处理、算法模型、评价指标等方面做出调整。当然，数据挖掘的复杂性，不仅是高校大数据所面临的挑战，也是整个大数据领域所面临的巨大挑战。

（二）实施层面的挑战

1. 数据共享意识缺乏

大数据时代需要海量数据作为基础。高校中的大数据，其中很大一部分来源于各职能部门。而现状是大量的数据分布在各个相互独立的职能部门中，甚至大量的信息资源成了个别部门的私有财产。造成这种状况的原因一方面是年代久远，数据整理工作难度较大、工作优先级较低；另一方面是职能部门并不清楚哪些数据是可以被分享的、哪些数据是不能被分享的，归根结底，还是资源分享的意识不够。然而，信息资源只有在流动、形成规模效应的前提下才能够发挥最大的价值，因此，高校还需要提高数据的共享意识。

2. 人员配备与组织结构不完善

部分高校对各职能部门信息资源规划的缺位，导致各职能部门信息化建设进度不同、资源投入有差距，增加了数据资源共享共用的壁垒。在大力推行教育信息化之前，很多学校并没有专门的信息化部门，技术人员储备不足，甚至没有。高校大数据的应用需要一批既懂得相关技术，又熟悉业务流程的技术人员。人才的匮乏也是非常不利的一个因素，相比于商业环境下对研究实效的追逐，教育研究显得相形见绌。

3. 个人隐私保护不到位

教育说到底是一个交互的过程，交互内容的收集一定程度上与隐私等是矛盾的。目前大数据的发展仍然面临着许多问题，安全与隐私问题是人们公认的关键问题之一，如教师的工资收入，学生的生活习惯、好友联络情况、阅读习惯、检索习惯等。多项案例说明，即使无害的数据被大量收集后，也会暴露个人隐私。如何做到大数据采集与用户隐私保护的平衡是一个很重要的研究课题。

二、大数据应用于高校信息化建设的可行性

（一）帮助学生课下学习

目前，高校把大数据技术运用于图书馆中，学生在进入图书馆的相关系统后，通过检索自己所需要的书籍名称及类别，即可在短时间内得知书籍的相关信息，同时学生可以查询所需书籍的所属区域，这样就从根本上减少了传统图书查询的烦琐性，提升了学生进入图书馆的阅读体验。除此之外，高校还可以将教师在课堂上讲授知识的相关视频通过监控系统记录下来，利用大数据技术对授课视频进行分类整理并保存后供学生观看，这样既可以为学生的课下学习提供有效的帮助，又能为远程教育的发展贡献力量。

（二）提高教学质量

大数据应用在高校信息化建设中最为显著的特点就是决策性的支持。随着高

校信息化建设的日益进步，大部分高校都积累了海量的校内相关信息，若要从这些数据中找出相应的潜在规律，必然需要从已有的数据中找出相应的线索，此时，就会用到先进的大数据技术。高校可通过有条理的研究找到各板块之间的切入点，以便决策人员在需要相关信息数据的时候，能够在第一时间检索出来。此外，以大数据为基础建立的校园相关管理系统，可以及时对学校资源进行调度及管理，从而制定出更加适合本校的有针对性的招生策略，这不仅无形中提升了教学质量，又可以从根本上降低管理成本。所以，引进大数据技术，构建决策支持系统是高校信息化建设的不二选择。

第四节 数据挖掘技术在高校信息化建设中的应用

一、什么是数据挖掘技术

（一）数据挖掘技术的内涵

数据挖掘技术是时代发展的产物，对信息资源的优化利用以及配置有非常关键的影响。了解数据挖掘技术需要以功能分析以及概念界定为基础。首先，数据挖掘技术具有描述、定义以及分类的功能，着眼于在描述特定对象特征的过程中实现有效对应以及合理管理；其次，则是关系发现，关系发现相对比较复杂，主要以信息变量之间的潜在规律分析为基础，着眼于了解不同数据之间的内在关联度；再次，则是分类和预估，分类和预估以信息数据的有效分析为基础，在构建模型以及明确具体操作规定时更加侧重于对散乱信息的有效估计以及合理分析，其中连续性的数据估计最关键；最后，则是聚合聚集，聚合聚集更加侧重于对类似的数据的有效组成进行分析以及合理统计，以确保工作质量及工作水平的稳定提升。高校应对不同影响要素进行深入分析，明确具体的工作原则以及行为。数据的聚合聚集需要以详细分析为基础，关注对最小相似程度的分析，明确具体的信息对象。有一部分的研究对象的具体类别比较复杂，因此，在类别划分以及层次研究的过程中可以以模型主导、网格主导以及密度主导为依据，确保聚合聚集研究工作的有效践行。在完成这一工作之后，工作人员还需要以孤立点分析为依据，明确这一功能的价值，加强对信息传播行为的有效分析。

（二）数据挖掘的目标

数据挖掘的目标是发现数据库中隐藏的知识和规则，主要分为以下几种类型。

①自动预测趋势。人们可利用数据挖掘技术在大型数据库中寻找预测性信息。

②关联分析。若两个或多个变量的取值之间存在某种规律，就称其相互关联。关联包括简单关联、时序关联、因果关联等类型。关联分析的目的是找出数据库中隐藏的关联网。

③聚类。数据库中的记录可以划分为一系列有意义的子集，即聚类。它增强了人们对客观现实的认识，是概念描述和偏差分析的前提。聚类技术包括模式识别和数学分类。

④概念描述。概念描述就是对某类对象的内涵进行描述，概括这类对象的有关特征。概念描述分为特征描述和区别描述。特征描述主要描述某类对象的共同特征，区别描述主要描述不同对象之间的区别。

⑤偏差检查。数据库中的一些数据存在异常，偏差检查就是对这些异常情况进行检查。数据挖掘的算法目标是发现潜在的模式，给出关系数据和数据的特征。

⑥数据准备。数据准备包括数据清理、数据集成和数据选择变换。

⑦数据分析。数据分析也是数据挖掘的核心内容，包括产生假设的方法，让访问者对可能隐含的知识提出假设；发现知识。

⑧评估和展示。通过数据分析，可以得到一系列的模型，然后针对其规律性，提供适当的决策支持信息。

（三）常用的数据挖掘算法

常用的数据挖掘算法有分类算法、聚类算法、预测分析、关联分析、决策树等。与数据分析相比，数据挖掘的门槛要高一些，不过现在各种相关的挖掘工具和算法库已经越来越完善，相信未来有更多的教育机构能够利用各种挖掘算法来深度挖掘数据中的巨大价值。

1. 分类算法

分类就是确定对象属于哪个预定义的目标类，分类问题是一个普遍存在的问题。分类算法有许多不同的应用，例如，根据电子邮件的标题和内容检查出垃圾邮件，根据核磁共振的结果区分肿瘤是恶性的还是良性的等。

分类知识反映了同类事物的特征知识和不同事物之间的差异性特征知识。在教育领域，分类算法也有非常多的应用场景。一是将学员分类后，按照不同类别提供个性化的教学服务，如对于自主学习能力低的学员，加大督学服务的力度，而对于学习热情高的学员提供更多的选修课程；二是用分类算法预测学员的流失，是否能完成学业等，并提前进行干预；三是用分类算法来检测一些违规行为，如在线教育平台的代挂机学习等，并及时制止。

分类算法大多数是"有监督"的机器学习算法（也有"无监督"的分类算法，但是常用的分类算法一般是有监督的），所谓"有监督"就是必须预先准备一定量的打上分类标签的训练数据（称为"训练集"）让算法模型进行学习，之后才能够将未知的数据（称为"测试集"）输入模型进行分类和预测。例如，要构建一个学员流失的分类预测模型，首先需要准备已经流失的学员数据及正常毕业学员数据，将其输入模型，再将在读学员的数据输入模型进行分类。

典型的分类算法是基于决策树的分类算法，需要从实例集中构造决策树。先根据训练子集形成决策树，如果该决策树不能对所有的对象进行正确的分类，那么选择一些例外加入窗口，重复这个过程直到形成正确的决策树。其叶节点是类名，中间节点是带有分支属性的。

常用的分类算法有基于规则算法、最近邻算法、随机森林算法、朴素贝叶斯算法、支持向量机算法、人工神经网络算法等。

2. 聚类算法

聚类算法的目的也是将样本分类，但是与分类算法不同的是，聚类算法是一种"无监督"的机器学习算法，也就是说并没有打好标签的训练数据供算法模型进行学习，而是按照一定规则直接对目标数据进行分组，使得组内的对象之间是相似的，而不同组的对象是不同的。组内相似性越大，组间差别越大，聚类的效果就越好。

聚类算法常常用在分类规则尚未清晰的新业务上。先对数据进行探索，在聚类完成后，业务人员再去分析并理解数据，解释每一组的特点和与其他组的不同点，从而为后续的分析奠定基础。

3. 预测分析

预测分析指根据时间序列数据，由历史数据和当前数据去推测未来的数据。时间序列的预测方法有神经网络法和机器学习法。经典的数学方法是通过建立随机模型，进行时间序列的预测。由于大量的时间序列是非平稳的，其特征参数和数据分布随着时间的推移也在发生变化，因此仅仅对某段历史数据进行分析，是无法准确地完成预测任务的。

预测分析从某种意义上讲可以理解为回归分析，即对自变量和因变量之间的关系进行建模，之后利用所建模型对某种结果进行预测。在教育数据挖掘中，自变量通常是学生的自身信息，如出勤率、上课的态度、每天学习的时间等，因变量是要预测的变量，如学生的期末考试成绩及学生的表现等。由于现实问题都较为复杂，进行简单的回归分析不能获得良好的预测结果，因此，引入更加复杂的预测技术，则显得十分必要。此类技术既可用于回归分析，又可用于分类分析。

4. 关联分析

关联知识是反映一个事件和其他事件之间依赖或关联的知识。如果两项或多项属性之间存在关联，那么其中一项的属性值就可以根据其他属性值进行预测。关联规则的发现可以分为两步：第一步是迭代所有的频繁项目集，要求频繁项目集的支持率不低于用户设定的最低值；第二步是从频繁项目集中构造可信度不低于用户设定的最低值的规则。

关联分析又称关联挖掘，就是在交易数据、关系数据或其他信息载体中，查找存在于项目集合或对象集合之间的相关性或因果结构。简单而言，关联分析是发现存在于大量数据集中的相关性，从而找出一个事物中某些属性同时出现的规律。它是一种简单、实用的分析技术，利用该技术可从数据库中关联分析出形如"某些事件的发生而引起的另外一些事件的发生"之类的规则。

5. 决策树

在教育数据挖掘中，决策树既是一种分类模型又是一种预测模型，它代表一组决定的树型结构，且每一棵树均代表自变量与因变量之间的一种对应关系。其主要由决策点、状态节点和结果节点三部分组成，具体的决策树方法主要包括分类与回归树法和卡方自动交互检测法。

（四）数据挖掘工具

1.Clementine

Clementine 是一种数据挖掘工具。Clementine 结合了多种图形用户接口的分析技术，包括神经网络技术、关联规则及规则生成技术，提供容易使用的可视化程序环境。Clementine 使用功能强大的数据挖掘算法，可以将数据挖掘贯穿业务流程的始终，在缩短投资周期的同时极大提高了投资回报率。Clementine 多次摘得数据挖掘产品用户数排行榜桂冠。

2.Darwin

Darwin 常被认为是最早的数据挖掘工具之一，可见它的知名度之高。Darwin 是一个复杂的数据挖掘产品，主要使用的算法包括神经网络法、决策树法等。

Darwin 具有三个关键优势：一是高度的可扩展性，由于能够使数据挖掘算法并行实现，在多处理器服务器上，Darwin 可以取得硬件及大范围的优势，所以它能够挖掘海量数据；二是模型容易导出，能够与其他应用集成；三是 Windows 风格的客户端易于使用。

3.SAS Enterprise Miner

SAS Enterprise Miner 是数据挖掘工具市场上的一款非常杰出的工具，它借助了 SAS 统计模型的力量和影响力，并且增加了一系列的数据挖掘算法。SAS Enterprise Miner 适用于初学者及专业用户，它的图形用户接口是以数据流为导向的，且它容易了解及使用，允许分析师通过使用连接数据节点及程序节点的方式建构视觉数据流程图。除此之外，它还允许程序码直接嵌入数据流。

4.Intelligent Miner

国际商用机器公司（IBM）以它在美国及全世界各地的研究实验室发展数年的数据挖掘解决方案为基础，开发出一款名为 Intelligent Miner 的数据挖掘工具。IBM 的 Intelligent Miner 在数据挖掘领域是极具竞争力的，因为它具有以下优势：包含了最广泛的数据挖掘技术及算法；可容纳相当大的数据量，且有强大的计算能力。事实上，这个工具在 IBM 的大量平行硬件系统上执行效率最好，也可以在非 IBM 平台上执行。Intelligent Miner 利用精密的数据可视化技术及强大的基于 Java 的用户接口来增加它的可用性（目标大多锁定为有经验的用户）。Intelligent Miner 支持 DB2 关系数据库管理系统，并整合了大量精密的数据操作程序。Intelligent Miner 是功能强大的工具，在顾客评定报告中它的整体效能是最好的，IBM 将它定位为企业数据挖掘解决方案的先锋。

5.Database Mining Workstation（DMW）

DMW 是一种广为接受的信用卡诈骗分析神经网络工具。DMW 提供大量的用户自定义选项，在算法修改、数据准备和操作程序上有很大的弹性，DMW 有效地处理明确且连续的变量，可以用于预测、分类。

DMW 是一款强大、成熟的产品，且市场接受度非常好。DMW 在产生精确及有效预测模型上是十分优异的，它的处理效能及范围能够满足主要的信用卡处理需求。

（五）数据挖掘过程

大数据分析挖掘就是从大量的、不完全的、有噪声的、模糊的、随机的实际应用数据中，提取隐含在其中的、人们事先不知道的、潜在有用的信息和知识的过程。大数据分析挖掘涉及的技术方法很多，有多种分类方法。根据挖掘任务可分为分类或预测模型发现、关联规则发现、序列模式发现、依赖关系或依赖模型发现、异常和趋势发现等；根据挖掘对象可分为关系数据库、面向对象数据库、空间数据库、时态数据库、文本数据源、多媒体数据库、异质数据库、遗产数据库等；根据挖掘方法可粗分为机器学习方法、统计方法、神经网络方法和数据库方法。机器学习中，可细分为归纳学习方法（决策树、规则归纳等）、基于范例的学习方法、遗传算法等。统计方法中，可细分为回归分析（多元回归、自回归等）、判别分析、聚类分析（系统聚类、动态聚类等）、探索性分析等。神经网络方法中，可细分为前向神经网络、自组织神经网络等。数据库方法主要是多维数据分析方法，另外还有面向属性的归纳方法。大数据分析挖掘包括数据预处理、数据建模以及模型评价等处理过程。

大数据分析挖掘实际上是数据"模型"的发现过程。其中数据有多种存储形式，可以集中存储于数据库中，可以分布存储于"云端"，也可以以数据流的形式存储。数据预处理的主要功能是消除数据噪声，提高大数据分析挖掘的质量。常用的数据预处理的方法包括数据清理、数据集成、数据降维等。数据建模主要利用统计方法、机器学习方法等提取数据的模式。数据建模的方法可以归纳为两种形式：一是对数据进行间接的近似的汇总的形式；二是从数据中抽取最突出的特征利用聚类来汇总的形式。模型评价是利用预先设定的评价参数对模型进行测试，评价所建立的数据模型。

大数据分析挖掘技术通过对数据的建模，挖掘出人们事先未知的、潜在有用的信息。因此，该理论的研究具有非常重要的意义。目前大数据分析挖掘技术已经广泛应用于各个领域，如金融大数据分析挖掘、零售和电信业大数据分析挖掘、科学与工程的大数据分析挖掘以及社会和信息网络的大数据分析挖掘等领域。大量的研究表明，利用大数据分析挖掘技术能有效地进行数据分析并获得隐含在大量数据集中的信息,从而发现数据的本质特征,为不同领域的应用提供新思路和新观点。例如,在金融数据分析中,可利用大数据分析挖掘技术预测贷款偿还能力、分析顾客的信用等;在零售和电信业的数据分析中,利用大数据分析挖掘技术可分析顾客的忠诚度、进行产品推荐等;在科学与工程领域中,利用大数据分析挖掘技术可分析气候和生态数据,建立气候和生态模型,对于半结构化和非结构化的生物数据,利用大数据分析挖掘技术,可为找到特定生物信息数据提供线索;社会和信息网络中的信息检索、推荐系统都是在大量数据集的基础上,利用大数据分析挖掘技术分析数据,从而得到有意义的检索结果和推荐结果的。

大数据分析挖掘是一个动态的、快速扩展的领域,很多学者致力于研究大数据分析挖掘的方法。大数据分析挖掘的主要研究内容包括以下几个方面。

①处理数据的不确定性、噪声。实际的数据通常具有噪声、不确定性等特点。必要的数据清理、数据降维、不确定性的推理需要与大数据分析挖掘过程进行集成。

②挖掘新的知识类型。人们根据数据的特征和数据分析任务对数据进行聚类、分类、回归、关联等分析。由于应用的多样性,人们可以使用不同的大数据分析挖掘方法分析数据。例如,对于高维的信息网络数据,聚类融合方法通常能获得较高质量的聚类结果,并形成有效的信息。

③挖掘多维数据的知识。多维数据可以从不同抽象层的多维属性组合挖掘不同的模式。例如,移动客户细分数据可以从客户的不同行为观察数据,形成不同的聚类结果,并对这些聚类结果进行聚类融合,得到一个或者多个聚类结果。

此外,利用机器学习、统计学等其他学科的知识提高大数据分析挖掘的能力,大数据分析挖掘模式的评估,大数据分析挖掘结果的可视化展示也是重要的研究内容。爆炸式的数据增长和高维数据的不断涌现对大数据分析挖掘提出了新的要求,特别是对数据降维(也称为归约)和聚类分析提出了新的挑战。

随着数据维数的增加,很多低维空间的概念不复存在,而高维数据通常存在冗余,其本质的维数往往远远小于原始数据的维数,因此高维数据的分析可以通过数据降维减少相关性的维度,然后利用低维空间的数据分析方法进行处理。

二、高校信息化建设中数据挖掘技术的应用

(一)数据挖掘技术在高校中的一般应用

对数据挖掘的研究始于20世纪80年代,现在该技术已经成功地应用于商业、

金融业和市场营销等领域。教育信息化的发展和网络远程教育的开展，导致教育领域的各类数据迅速增长，如何从海量的数据中挖掘出对教育者和学习者有用的信息，以提高教育管理绩效和学习绩效，这一问题的提出促使教育数据挖掘研究出现。

信息技术在教育领域的广泛应用促进了教育信息化科研的发展，信息化科研是指信息技术所"使能的"科学研究实践，其发展经历了以下三个阶段：一是对技术的研究阶段，如技术创新、技术应用等；二是利用技术开展研究的阶段，如计算机辅助的访谈、技术支持的数据分析、社会性网络分析等；三是技术使能的研究阶段，如数据挖掘、数据处理、数据整合、数据分析等。教育数据挖掘正是数字化教育研究的体现，也是教育信息化发展的必然需求。

传统课堂教学研究数据挖掘（DM）与数据库中的知识发现同义，指从大型数据库中提取出有意义的、隐含的、先前未知并有潜在价值的信息或模式的过程。DM 的研究内容包括基础理论研究和应用研究两大类，其中基础理论研究包括方法、功能、算法以及数据挖掘系统和软件的建设等方面的研究，应用研究的重点不在于数据挖掘技术本身，而在于成果应用，不同领域开展不同的应用研究。教育数据挖掘（EDM）指应用数据挖掘方法从来自教育系统的数据中提取出有意义的信息的过程，这些信息可以为教育者、学习者、管理者、教育软件开发者和教育研究者等提供服务。EDM 主要研究数据挖掘在教育领域中的应用，从 EDM 研究领域的角度分析，EDM 研究包括"在教学研究中的应用"和"在教务管理中的应用"两个子类；从数据来源的角度分析，EDM 研究包括"在传统教育中的应用"及"在网络教育中的应用"两个子类。结合这两个方面，可进一步对 EDM 研究的内容进行细分。

在教育领域，数据挖掘技术可应用于教务管理、图书馆管理、人事管理、设备管理、师资管理等方面，有利于管理者做出科学的决策。EDM 更重要的意义在于指导和改善学习，提高教学质量。传统课堂中师生可以面对面交流，网络学习环境中虽然难以实现面对面交流，但是能够记录学生的大多数学习行为。高校可通过对网络学习系统中的学习者登记信息、日志文件、过程性数据、交互信息及管理数据等进行挖掘，如有多少人访问了该页面、哪些页面是最受欢迎的、用户访问完该页面后下一步可能的访问页面是什么等，来确定学习者个体或群体的特征模型，管理和监控网络学习过程，支持学生的个性化学习，指导教学及课程设计，构建有效的学习模式，改进系统及修改站点，建设适合学习者的资源，进行教与学的评价。

1. 研究者学科背景统计分析

我国 EDM 方面的研究者还没有形成整体力量，基本上都是来自高校，学科背景比较单一。研究者大多数是计算机专业的，他们熟练掌握数据挖掘技术，但是缺乏教育学和心理学理论知识以及教育数据的来源，这导致该方面的研究相对滞后。

2.EDM 研究

教育数据挖掘方法的使用是 EDM 研究最为关键的内容。依据任务可将用于网络教育系统中的特定数据挖掘方法分为统计和可视化及万维网（Web）挖掘两类。

（1）统计和可视化

数据挖掘将描述性数据分析看作目的。而正式的统计趋向于将基于假设的检验作为最终目标，可视化是将数据信息转化为有意义的、易于理解的图像的过程，虽然它们常常不被认为是数据挖掘技术，但是作为对数据的探测方法，它们可以处理一些通常由数据挖掘解决的问题。

（2）Web 挖掘

Web 挖掘是从 Web 资源中获取信息的过程，是数据挖掘技术在 Web 环境下的应用。依据挖掘对象的不同可以将 Web 挖掘分为三类：Web 内容挖掘、Web 结构挖掘和 Web 使用记录挖掘，目前 Web 日志使用记录挖掘在网络学习中的应用研究最多。对学习者在网络教育中留下的日志信息进行挖掘，可以实现个性化的网络教育。在 Web 使用记录挖掘中，网络学习行为采集和学习者的特征分析是关键。EDM 中的 Web 挖掘方法可以归纳为以下三组。

①聚类、分类和偏差检测。聚类是一个将物理对象或者抽象对象的集合分成由类似的对象组成的多个类或簇的过程。分类是通过挖掘数据中的某些共同特性从而对数据项进行归类。用分类或聚类方法划分相似学生群体或个体，有利于提供相似的或个性化的教学。偏差检测是对一些异常或孤立数据对象进行分析的过程。

②关联规则挖掘和时间序列模式挖掘。关联规则挖掘技术用于从用户访问序列数据库的序列项中挖掘出相关的规则，能够揭示学习者访问一些内容的同时会访问哪些内容，借此找出具有相关内容的网页，从而更好地组织课程页面和推荐页面，尽可能缩短相关内容的分布距离，或提供便捷的路径指引。时间序列模式挖掘试图找出页面依照时间顺序出现的内在规律，能够揭示哪些内容能够激发对

其他内容的访问，可以用来对学习者的浏览趋势进行分析，解决远程教育中针对各种层次学生进行因材施教等问题。关联规则挖掘技术注重事务内的关系，时间序列模式挖掘技术则注重事务间的关系，这两种方法的应用非常普遍。

③文本挖掘。Web文本挖掘主要是对Web上大量的文本集合的内容进行总结、分类、聚类、关联分析，以及运用Web文档进行趋势预测等，针对的是非结构化或半结构化的数据集。Web内容挖掘大多是基于文本信息的挖掘，这类方法相对更加复杂。

除了对EDM方法进行研究以外，EDM工具、EDM数据的来源、EDM过程也是研究中的关键内容，对这些问题的研究相对固定。目前所进行的研究大多针对使用广泛的数据挖掘工具，国外也有少数的研究者开发专门的EDM工具来使用。随着网络学习人数的增加，数据的来源越来越广泛，早期需要研究者自己搜集收据，现在已经有大量的开放数据供研究者免费使用。

（二）数据挖掘技术在高校信息化建设中的具体应用

1. 提高高校人事管理效率

目前，高校人事管理系统很多仍然停留在事务处理阶段，发挥提高日常人事管理效率、规范人事管理流程的作用，还不能帮助管理人员进行决策分析，不能满足人事管理长远规划的需求。人事管理数据挖掘的常用技术有聚类分析技术和关联分析技术。

很多高校的在校学生已经超过万人，有的甚至多达几万人，教职员工的数量也非常多。长年累月，高校已经形成了拥有庞大数据量的各类数据库系统。这些数据库分散在高校的各个二级职能部门或各个院系。按照数据仓库的理论，数据的存储是按照主题进行的，高校教育管理的主题数据是在高校决策者这一层次对高校的教学、科研、后勤等宏观分析所涉及的分析对象进行完整的、一致的描述的。主题的抽取应该按照分析的要求来确定。高校可综合学校各部门的教学、科研和后勤等宏观分析领域涉及的各种分析对象，得到一系列的主题。高校的主题一般包括教师工作情况、学生学习情况、招生就业情况、财务情况、固定资产情况等。每个主题有着各自独立的逻辑内涵，对应一个分析对象，并从多个维度对分析对象进行观测。

（1）教务管理

教务管理就是数据挖掘的一大主题。教务管理是大学的主要日常管理工作，涉及诸多方面。随着教学体制的不断改革，教务日常管理工作日趋繁重。在教务管理工作中要处理大量的数据,包括学生的基本信息、课程信息、成绩信息、教师信息等。这些数据之间存在着关联,也隐含着一些重要信息。利用数据挖掘技术将信息抽取出来,可以为高校的教育教学提供重要的决策支持信息,为教务管理人员提供有力的数据支持。

随着以人为本理念的深入,高校人才培养工作要求体现出个性化培养的特征,即因材施教,根据不同的对象采用不同的培养方法。而个性化的人才学习方案的制订需要一定的信息积累,包括个体的学习兴趣、学校的课程配置等。这些数据的提取可以借助数据挖掘技术从信息化管理系统中抽取。高校应为挖掘的信息数据建立模型,在此基础上进行分析、归纳和总结,找出它们共有的特点。按照分类的模式对其进行划分、归类,可将学生的个性化培养方案综合到某个给定的范围内。

高校还可以在指导学生选课方面使用关联分析技术。学生的课程学习必然是循序渐进的,某些课程是另一些课程的先导课程,先导课程没有学好,势必影响后续课程的学习。利用关联分析对学生成绩进行数据挖掘,可以得到课程之间的关联信息,为合理设置课程提供决策支持,从而寻求最佳的排课方式。

另外,高校还可以针对学生的考试成绩进行聚类分析,这也是教学总结的一项重要手段。一般来讲,学生的成绩呈正态分布,则说明试题质量好;如果学生的成绩呈双峰分布,则说明试题存在两极分化问题,难度大的和难度小的试题比较多,中等难度的试题较少,试题难度分布缺乏梯度。如果学生成绩呈陡峭分布,则说明试题难度梯度偏小,难以将不同程度的学生区分开来。所以,对学生的成绩分布进行聚类分析,可以进一步提高试卷的质量。利用聚类分析还可以针对学生的成绩进行异常检测,从而发现异常学生,如进步神速的、成绩下降明显的、成绩不稳定的学生。

(2)高校人事管理

高校人事管理信息系统是整个数字化校园的关键系统之一。一是为全校的信息化管理系统提供重要的教职员工基本信息;二是可以有效提高人事管理部门的工作效率。但是目前,很多高校由于历史原因,各个职能部门在信息化系统建设之处,没有进行全局性的统一规划,导致重要的人事信息数据还分散在学校的各个部门,这些信息往往由各个二级单位独自购买或储存。在这一方面高校缺乏全局规划,没有体现全校一体化的层次感和整体性,没有考虑学校内部各个职能部门信息管理系统之间的联系,难以实现信息共享,各部门最终成为信息孤岛。主要表现在,信息完整性差,各个职能部门各自为政,对于人事信息的采集和更新缺乏统一的管理；信息准确性差，各个部门在采集数据时，缺乏配合，数据的准确性难以保证；数据格式多，同一个内涵的数据，由于各个部门在进行信息化建设时，没有统筹规划，导致数据的格式不一致。

高校的人事管理部门，应该从实际出发，以应用需求为核心，使人事管理系统贯穿全校各个部门。随着信息化建设的不断深入，很多高校的人事管理系统已经积累了海量的数据。目前，这些数据的主要用途是向各级管理部门和领导提供各类统计报表和信息查询，部分高校没有针对这些数据进行数据分析，挖掘出其中隐含的信息。因此，高校的人事管理部门，应该充分利用这些数据，透过现象看本质，从中抽取有用的知识，为管理决策提供数据参考。高校进行人才评价时，就可以通过对教师的各项数据，如培训信息、学历信息、教学信息、科研信息等建立相关的数学模型，从而实现科学的人才评价。

2. 进行教学评估

大数据分析可以应用于教育中的数据挖掘。目前教育机构已经积累了大量数据，使研究者有更多的机会去探究学生的学习环境和学习状态。高校可通过监测这些信息，形成教育大数据库，全面掌握学生学习的全过程，发现学生的学习异常情况。高校还可通过数据流的变动分析，总结教育规律、调整教学内容和教学模式，客观全面地评价学生的学习成果和教师的教学成果。

将大数据应用于高校教育信息化当中能够很好地对教师的教学质量及教学效果进行评价与分析，其目的在于提高高校教学质量的同时，发现教学过程中存在的问题并进行及时的解决与处理。良好的教学评价体系能够帮助教师更好地去总结教学过程中的经验与教训，以及有效地提高自身的教学能力与水平。由此可知，在高校教学评价中有效地应用大数据技术，不仅能够提高高校的教学质量，还有利于高校形成一个良好的管理机制，是提高学校管理工作精准度的一项重要手段，既有助于教师的教学策略的有效分析，还能够确保教师的工作变得有序且高效。

3. 分析学生特征

对教育领域来说，大数据的应用让研究个体学习成为可能，也让专门培养和有针对性地训练成为可能。高校可通过数据中心分析学生的各类信息，如考试成绩的变化、借阅图书的种类、一卡通消费额度等信息，综合性地分析判断学生的状态。根据分析结果，高校可对不同的学生制定不同的培养方案。另外，高校也可以借助学校的微信公众号为学生推送其感兴趣的资讯信息。

4. 设置合理的课程结构

高校可以通过对信息系统记载的数据进行技术挖掘，来寻找学生成绩变化的主导影响因素。对于有利于学生成绩提高的因素进行进一步的发展，对于不利于学生成绩提高的因素进行调整，从而合理设置课程结构，最大限度地减少不利于学生成绩提高的因素。

5. 预测就业分析

高校可通过对信息系统记载的数据进行技术挖掘，来分析已经毕业的学生的就业因素，找出影响就业的关键因素，预测未毕业的学生能否顺利就业。这样高校就可以更好地调整课程设置，为学生的就业提供一个良好的基础。

6. 图书馆的应用

高校的图书馆信息平台常常具有数量非常庞大的信息，利用数据挖掘技术，可以对馆藏的图书进行多方面的分类。这些信息可以有效地帮助图书馆改进检索方式，以提高检索的准确性和速度，从而为全校的师生提供更好的阅读平台。利用数据挖掘技术对海量数据进行分析，有利于高校用数据来进行决策。

第四章　大数据环境下高校教育信息化建设

大数据环境下只有利用好高校的数据资源，让大数据应用融入高校教育信息化建设中，才能提高高校的教育信息化水平。

第一节　高校教育信息化相关理论

一、教育信息化的起源

"信息化"一词最早于20世纪60年代出现在日本的一些学术文献中。20世纪70年代，一些国家及国际组织先后出台了一系列推动信息技术在社会中应用和发展的规划，这些规划都把信息基础设施建设作为重要一环。1993年9月，美国正式提出建设"国家信息基础设施"，俗称"信息高速公路"计划，其核心是发展以互联网为核心的综合化信息服务体系和推进信息技术在社会各领域的广泛应用。在其带动之下，许多发达国家和发展中国家相继出台了一系列国家信息基础设施建设规划，从而带动了全球信息化建设的浪潮。

我国政府对国家信息化建设高度重视，1997年4月，第一次国家信息化工作会议正式提出了包括信息资源、信息网络、信息技术应用、信息技术和产业、信息化人才、信息化政策法规和标准六个要素的国家信息化体系的概念，并把国家信息化定义为"在国家统一规划和组织下，在农业、工业、科学技术、国防及社会生活各个方面应用现代信息技术，深入开发、广泛利用信息资源，加速实现国家现代化的进程"。这个定义有四层含义：一是实现四个现代化离不开信息化，信息化要服务于四个现代化；二是国家要统一规划、统一组织信息化建设；三是各个领域要广泛应用现代信息技术，深入开发利用信息资源；四是信息化是一个不断发展的过程。

教育信息化的概念是在 20 世纪 90 年代伴随着信息高速公路的兴建而提出的。在美国的"信息高速公路"计划中，特别把信息技术在教育中的应用作为实施面向 21 世纪教育改革的重要途径，美国的这一举动引起了世界各国的积极反应，许多国家相继制订了推进本国信息技术在教育中应用的计划。我国自 20 世纪 90 年代末开始，随着网络技术的迅速普及，整个社会的发展与信息技术的关系越来越密切，人们越来越关注信息技术对社会发展的影响，"社会信息化"的提法开始出现，联系到教育改革和发展，"教育信息化"的提法也开始出现。现在，政府的各种文件已经正式使用"教育信息化"这一概念，政府高度重视教育信息化相关工作。

二、教育信息化的概念、内容及核心理论

（一）教育信息化的概念

教育信息化是将信息作为教育系统的一种基本构成要素，并在教育的各个领域广泛地利用信息技术，促进教育现代化的过程。简单地说，教育信息化就是在教育领域利用信息技术，对教育内容（信息）进行分析处理、加工改造、组织传播、共享使用，以实现教育现代化的过程。教育信息化是国家信息化的重要组成部分，对于转变教育思想和观念，深化教育改革，提高教育质量和效益，培养创新人才具有深远意义，是实现教育跨越式发展的必然选择。教育信息化的全面实施必然会形成一种全新的教育形态——信息化教育。

（二）教育信息化的内容

教育信息化的核心是教学信息化，只有构成教学的基本要素：人（教师与学生）、教育过程、教育环境等实现了信息化，才是真正实现了教育现代化。

1. 教师与学生的信息化

在教育信息化的过程中，各种信息设备的使用，对教育系统中各种信息的操作都是通过教师和学生完成的。教师与学生的信息化在教育信息化中占据着重要的地位。教师与学生的信息化指教师与学生应具备一定的信息素养，应基于一定的信息环境，利用一定的信息技术解决生活、工作和学习中的问题。

教师信息素养可以概括如下：一是明确教学目标，即明确信息需求；二是明确获取教学资源的途径，即知道从哪里获取合适的教学资源，对应的是信息源的确定及信息检索和评价；三是信息技术在实际教学中的运用，选择合适的信息技

术对传统的教学资源进行整合包装，换位思考，站在学生的角度来呈现专业知识的课程体系，即信息的批判应用和创新。

学生的信息素养可以概括如下：一是有效理解课堂活动任务，即接收信息需求；二是根据任务的关键信息、教师的提示及之前所学的专业知识，思考问题的解决方式和方法，即信息源确定和信息获取；三是结合自身的专业判断和理解在信息检索结果中选择最优的解决方法，在有效解决问题的同时，有效优化自身知识体系，提高应用、创新、解决问题的能力，即信息的评价和应用。在教学信息化的不断发展中，全体师生的信息素养都将得到提升，教育将呈现双赢局面。

教师与学生的信息化对教育信息化是至关重要的。没有教师与学生的信息化是不可能实现教育信息化的。为了培养学生的信息素养，应该在学校中广泛地开展信息技术教育。信息技术教育是以培养学生的信息素养为基本目标的素质教育。

2. 教育过程的信息化

教育过程的信息化指的是在教育过程中广泛地使用信息技术，用以完善教育过程，实现面向信息社会创新型人才的培养。在教育信息化的过程中，具有一定信息素养的教师和学生，将信息化用于教育、教学的实践过程中，从而实现了教育过程的信息化。

教育过程的信息化是教育环境信息化、教师与学生信息化的落脚点。教育环境的信息化、教师与学生的信息化，最终会促进教育过程信息化的实现，即以各门学科教学的信息化实现面向信息社会创新人才的培养，这是教育信息化的根本目标。

3. 教育环境的信息化

完备的教育信息化环境是实现教育信息化的外部条件和基础。为了实现教育信息化，应该建立一定的信息化环境，它包括对教育信息进行各种有意义操作的硬件环境和软件环境。例如，高校的计算机网络建设工程、各学校建设的校园网、计算机教室、多媒体教室等。硬件环境与软件环境的建立是教育信息化的重要内容，为我们在教育系统中广泛地应用信息技术提供了一定的条件和基础。没有一定的信息化环境，是不可能实现教育信息化的。

（三）教育信息化的核心理论

教育信息化的核心理论指的是信息技术与教育深度相融合。此理论的另一提法为信息技术与各学科教学相整合。该理论的基本内容是在实施新型的教学方式与学习方式的过程中，如何营造或创设信息化的教学环境，如何调动学生的主动性、积极性，如何实现培养学生的创新意识与创新能力（即创新人才培养）的目标。因此，教育信息化理论的核心内容应该是，信息技术与课程深层次整合理论。进入新的发展阶段后教学结构理论正在逐渐发展成教育信息化理论的另一项核心内容。事实上，近年来，国内提出的深度融合理论（深层次整合理论），恰恰是要求"必须紧紧围绕课堂教学结构的根本变革来进行融合（或整合）"，只有这样才有可能真正达到深度融合（深层次整合）的目标。可见，信息技术与课程整合理论和教学结构理论，互为补充、彼此约束，它们真正构成了教育信息化理论的核心内容。

教育信息化的理论内容多样，除了基本的、核心的理论外，教育信息化的理论还有信息化环境下的教与学理论、信息化环境下的教与学方式、信息化环境下的教学设计理论等。

三、高校教育信息化概述

（一）高校教育信息化的内涵

高校教育信息化指的是高等学校为适应信息化社会的要求，营造信息应用环境，整合教育资源，促进和深化教育教学改革，在教学、科研、管理、后勤服务等各方面全面运用以计算机、多媒体和网络通信为基础的现代信息技术，实现教育教学全过程的信息化。从概念上来看，教育信息化是从信息技术与教育的关系出发，侧重以有关信息技术的观念、思想、设施、设备、知识和技能等来影响教育的过程和结果。理解这一概念，不能片面地认为高校教育信息化只是为教学服务的，而是要从广义的角度来理解，这样方能准确把握这一概念，全面了解教育信息化的丰富内涵。高校教育信息化以教学信息化为核心，以为教学服务为重点，同时还向凡是为实现育人目标而开展的各类活动提供服务，并成为各类活动的具体表现形式和服务手段。

在高等学校，开展教育信息化建设必须进一步明确高校教育信息化建设的基本内涵，全面把握高校教育信息化建设的基本内容，力求高校教育信息化建设工作步入一个科学规划、全面发展的良性轨道。高校教育信息化建设的内涵一般包括三个大的方面：一是环境建设，主要包括校园网、网络中心、多媒体教室、网络教室、电子阅览室等基础设施,以及办公自动化系统、教学管理自动化系统、应用软件系统的建设;二是资源建设,主要包括多媒体素材(文字、图片、图形、动画、音频、视频)、电子教案、教学案例、电子文献(图书、期刊、报纸)、网络课程和电子文档的积累;三是组织建设,主要包括组织机构建设、管理队伍建设、技术队伍建设、教师队伍建设和教育信息化的制度建设。其中,环境建设是基础和前提,资源建设是核心和灵魂,组织建设是保障。

(二)高校教育信息化的特征

高校教育信息化是实现高等教育现代化的复杂过程。从教育的视角来看,高校在信息化环境下呈现出以下特征。

1. 教育观念现代化

高等教育信息化对高校传统的教育思想、教育观念提出了挑战,转变教育观念是高校教育信息化首先需要解决的问题。教育思想和观念的现代化指的是教师、学生和教育管理者都充分认识到自己应具备的素质以及在教育过程中的地位和作用。在高校教育信息化的大背景下,教师需要不断提升信息技术素养,转变教师教学生学的传统观念,树立终身学习观,将学生看作学习的主体,培养学生的创新精神和创新意识,多应用任务驱动式、探究式、协作式教学方法;学生要树立自我学习的观念,通过网络进行自主学习,提高发现问题、解决问题的能力;教育管理者应树立新型管理理念,运用信息技术更好地服务学生和教师,改善学校的教育、教学条件,努力实现管理自动化、服务人性化。

2. 教育环境网络化

教育环境网络化指教学和学习不受时间、空间的约束,教师和学生可以随时随地通过网络进行教学和学习,突破了现实校园围墙的限制,实现了知识更大程度的共享。目前网络教育、远程教学在各高校盛行,许多高校实行学分互认制,鼓励学生进行网络学习;同时越来越多的教师开始建设网络课程,一方面用于辅助课堂教学,另一方面用于学生课后的自学,提高教学、学习效率。

3. 教学过程的多属性化

教学过程的交互性指教师和学生通过网络在课上、课后有更多的交流互动,教师能够及时解答学生的疑惑,了解学生对知识的掌握情况。教学过程的开放性指教师的课堂教学视频等通过网络课程等方式让更多的学习者可以观看,让不同学习风格、不同知识结构、不同年龄、不同学习环境的学习者根据自身情况进行学习。教学过程的协作性指教学过程中，学习者之间相互讨论、相互配合共同完成学习任务。交互性、开放性、协作性是网络环境下新型学习方式的主要特征。

4. 教育内容数字化

教育内容数字化指的是在教育信息化环境下，教育内容的载体已经超越传统纸质媒介，各种电子书、电子期刊、电子报纸、文献数据库、网络课程被越来越广泛地应用于教学和学习过程中，数字化的教育内容越来越被人们广泛地接受。教育内容的数字化不仅提高了内容存储和传递的速度，还提高了知识的使用效率，这样教师和学习者就可以便捷地对数字化内容进行加工、处理、存储、应用等。

5. 教育资源全球化

高校教育的信息化，特别是教育网络的发展，使得教育资源通过互联网传递到世界的各个角落。教育资源的全球化让教育超越了国度，教育资源在世界范围内共享，提高了教育资源的共享程度，有助于各个国家的高校之间相互交流学习、互通有无、共同发展。

6. 教育管理自动化

教育管理自动化主要指利用计算机管理教学。利用计算机管理教学的系统称为计算机教学管理（CMI）系统，CMI 系统包括在线测试与评分、学习问题诊断、电子学档等，主要用来对日常的教学、学生的学习建档管理，从而更好地服务于教学。

7. 学习终身化

高校教育信息化改变着传统的教育模式、教学方式，是实现教育现代化，建立学习型社会的重要途径。传统的高等教育学生毕业了就不能再接受学校的教育了，网络教育有效地解决了这一问题。网络教育让毕业生通过网络学习学校的课程，不受年龄的限制，为学习终身化奠定了坚实的基础。

8. 学习个性化

信息化环境下学习者通过网络可随时随地进行学习，学习者能够根据已有的知识结构、学习兴趣、专业需要等自主安排学习内容、学习进度和学习方式。这可激发学习者学习的内在需求，激发学习者的学习动机，有利于培养学习者的个性特点和创新思维能力。

（三）高校教育信息化的意义

教育信息化的根本目的是培养创新型人才。具体来讲，就是要大力推广信息技术，使其在教育领域广泛有效地应用，建立起功能完善的信息化教育环境；要利用信息技术来推动教育的改革和发展，大力开发优质的教育资源，优化教育过程，提高教育质量和效益；培养适应信息社会要求的创新人才，促进教育现代化的发展。信息社会的发展不仅对人才的数量，更重要的是对人才的质量提出了更高的要求。

1. 教育信息化是教育现代化的必由之路

教育信息化是教育现代化的必由之路，也是教育现代化的重要内容和主要标志。教育现代化包括教育思想现代化、教育内容现代化、教育方法现代化、教育技术手段现代化、教育设施现代化、教育管理现代化等。在教育现代化的诸多要素中，哪一"化"都离不开教育信息化，一方面，教育信息化为教育现代化提供了方法、途径；另一方面，在教育信息化的过程中必然会出现许多新问题，需要我们去认识和解决，这些问题的解决，不仅会极大地丰富教育信息化的内容，同时对教育思想、教育内容、教育方法、教育手段、教育管理等诸多方面会产生深刻影响，这将成为教育现代化研究的重要内容，也将成为实现教育现代化的主要标志。因此，没有教育的信息化，就不可能实现教育的现代化，教育信息化是实现教育现代化的重要步骤，是教育现代化的重要内容和主要标志。

教育信息化是国家信息化的重要内容。不仅如此，教育信息化也是国家信息化的基础。没有教育的信息化，就不能为国家信息化提供所需的信息化人才，也就不可能实现真正意义上的国家信息化。

未来的社会是人才竞争的社会。教育信息化对增强国家的综合实力、增强国家的国际竞争力有重要的意义。教育信息化对国家信息化和教育现代化具有十分关键的作用。

2. 教育信息化有利于建设学习型社会

教育信息化有利于建设学习型社会，构建终身教育体系，缩小地区间教育差距。从现阶段来看，我国教育信息化的重点主要是学校和专门的教育机构，主要内容包括在中小学普及信息技术教育、"数字校园"建设等。

从长远看，教育信息化必然会延伸到家庭和社会的各个方面。其中，家庭教育信息化的发展和现代远程教育的实施，将为全体国民提供接受更多教育的机会，使受教育者的学习不受时间、空间的限制，真正实现学习型社会和终身教育的内涵——人人学习、处处学习、时时学习，保障每一个国民接受教育的平等性。同时教育信息化有利于从根本上消除由于地区之间经济发展的不平衡所产生的教育水平的差距，使全体国民的综合素质普遍提高。

3.教育信息化有利于实行素质教育

教育信息化有利于素质教育的实施和创新人才的培养。创新人才的基本特征是具有个性特色，善于独立思考，具有广博的知识，富有创新精神和创造能力，具有高尚的理想和道德情操，是全面发展与个性发展完美结合的人。

培养创新人才是素质教育的根本目标。首先，教育信息化为素质教育的实施创造了良好的环境，使因材施教和个性化教学得以更好地实施。在教育信息化的优良环境下，可实现个别化教学、小组协作学习、远程实时交互的多媒体教学、在线学习、在线讨论等。教育信息化使学生从过强的共性制约中解放出来，有利于发展学生个人志趣，培养其个性特点。其次，在信息技术环境下，一方面学生可根据个人志趣与个性差异对所学的知识和学习进程在一定程度上进行自主选择，另一方面学生可对某一专题的相关内容通过信息检索、收集和处理，发现问题、解决问题，有利于拓宽学生的知识面，培养其独立思考能力和创新能力。最后，利用教育信息化提供的网络资源可将抽象的道理形象化，鲜明的形象对比，有利于学生识别假、恶、丑，树立真、善、美的情感，使学生将高尚的理想内化为自己的言行，形成良好的思想品德。

总之，教育信息化不仅有利于提高教育质量和教育效率，培养学生的创新精神和实践能力，而且从主观和客观两方面为学生的全面发展和个性发展提供了条件和保障。教育信息化对培养21世纪国家现代化所需的创新人才具有极其重要的意义。

（四）高校教育信息化的内容

高校教育信息化是一个系统工程，具有丰富的内涵，内部要素繁多庞杂，因此对高校教育信息化的内容有多种说法。

翻阅大量文献，对高校教育信息化内容进行综合梳理，我们认为高校教育信息化建设的内容应该包括信息化基础设施建设、信息化资源建设、信息化应用建设、信息化组织建设及信息化保障体系建设五个部分。

1.信息化基础设施建设

基础设施建设是高校教育信息化建设的基础，是高校教育信息化工作顺利进行的先决条件。基础设施建设主要包括校园网、网络带宽、多媒体教室（多媒体设备、软件）等的建设。基础设施建设的水平直接影响高校教育信息化建设的水平，由于基础设施建设需要投入大量的人力、财力，而且设备的更新换代较慢，因此，基础设施建设需要有长远的眼光，需要高校教育信息化规划部门综合各方面进行考虑。

事实上，高校教育信息化基础设施的建设水平对整个高校教育信息化的建设水平有着直接而深远的影响，因此，高校教育信息化基础设施建设需要建设者有战略眼光。一旦某项基础设施建设开始实施，与之相关的大量人力、财力、物力即转化为转换成本较高的成本，加之高校信息化相关设备的更换速度均较慢，因此相关规划部门需要仔细权衡。

2. 信息化资源建设

资源建设是高校教育信息化建设的核心任务。信息化资源建设指各种教育资源的制作、存储及运用。高校的教学、科研、管理等各方面都涉及资源建设，具体包括多媒体课件、电子文献（电子图书、数字光盘、电子期刊）、电子教案、教学案例库、题库、网络课程、精品课程、专题网站、学科门户网站等的建设。当前各高校已经认识到信息化资源建设的重要性，纷纷进行信息资源建设，但是高校教育资源建设存在重复建设，资源不共享，优质资源少、利用率低的问题，这也是高校在未来一段时间需要重点解决的问题。

教育信息化的发展基于信息资源的建设，数字化教育又是围绕教育信息化展开的，由此可见高校教育信息化建设对教育的重要性。从目前国内高校的信息资源建设来看，信息设备较为落后，高校内部的图书馆、实验室、文体中心等保存着大量有用的信息资源，但是这些资源大多是以纸和实物为媒介存在的，没有进行信息资源共享，严重阻碍了信息资源的高效利用。探究信息化建设进度缓慢的根本原因发现：第一，教育部门对信息化建设的推动力度不够，行政部门缺乏协调和专业人员的指导；第二，信息资源建设缺乏统筹全局的标准，设施设备重复累赘，给日后的系统兼容造成巨大的困难；第三，高校之间缺乏合作，在教育信息资源建设的开展上，均以自己为核心，缺乏对外部信息的接受和处理的能力，造成信息资源建设人力物力离散。

3. 信息化应用建设

信息化应用是高校教育信息化建设的目标。信息化应用指的是在资源建设的基础上，建立各种应用系统，用于高校的教学、科研、管理、校园生活服务。

因此，信息化应用建设主要包括教学应用系统建设、科研应用系统建设、管理应用系统建设和校园生活服务应用系统建设。教学应用系统主要指网络教学平台、在线测试系统、学生选课系统等；科研应用系统指科研信息平台，用来向师生发布科研项目的申报信息，展示学校科研成果；管理应用系统包括财务管理系统、教务管理系统、学生管理系统、人事管理系统、后勤管理系统、设备管理系统等；校园生活服务应用系统如一卡通系统，主要为学生日常的学习和生活提供服务。

4.信息化组织建设

如果说高校教育信息化基础设施建设、资源建设、应用建设是基础，那么高校教育信息化组织建设就是灵魂和保障。具体而言，高校教育信息化组织建设包括相关管理体制建设与相关组织机构建设。高校的信息化管理体制建设至关重要，体制主导执行，它甚至决定着整个高校教育信息化建设的水平。从目前国内各高校组织机构的设置看，依据各自的特殊性，各高校的情况各异。什么样的信息化组织机构合理，信息化组织机构到底应该如何设置是高校所面临的主要问题。总之，高校教育信息化组织建设工作绝不容忽视。

5.信息化保障体系建设

信息化保障体系是高校教育信息化可持续发展的保证。信息化保障体系包括制度保障、资金保障、人员信息化技能保障、信息化标准和管理规范保障。制度保障指对学校的信息化建设实施考评制度和激励制度，激发信息化建设不断前行。资金保障是高校教育信息化建设顺利进行的根本保障，信息化建设需要大量的资金投入，没有高效的资金保障体系就无法实现高校教育信息化的持续发展。人员信息化技能保障指高校要定期对信息化管理人员、技术人员、教师进行培训，提高他们的信息素养。信息化标准和管理规范保障指高校教育信息化建设需要遵循的标准和准则，没有标准和规范的限制，高校教育信息化建设将无章可循。

在大数据技术引领的时代，数据被保存在各自的系统中。学校需逐步建立一个完整的数据治理体系，保证数据的有效性、可访问性、高质量、一致性、安全性，使信息系统数据形成数据资产，为学校教学、科研、管理提供安全可靠、共享便捷的准确数据服务，为学校管理工作提供基于数据的辅助决策支撑，为学校的发展创造实际性的价值。这需要充分发挥信息系统数据的无形资产价值和战略资源作用，进一步提高信息系统间的数据共享程度，助力建成统一、高效运转的智慧校园。

第二节 高校教育信息化建设实践

一、我国高校教育信息化建设实践总概况

总体上说我国高校教育信息化发展比较快,硬件基础设施建设都已达到了一定水平,但是也存在一系列亟待解决的问题。

一是高校教育信息化建设相关理论比较成熟,但是尚缺乏科学的、系统的理论指导实践,高校教育信息化建设策略理论研究不足。

二是高校缺乏信息化建设相关研究机构和人员,信息化建设"重硬件轻软件,重技术轻应用"的现象仍然存在。

三是资金、人员、技术支持和服务投入不足,高校对技术维护和用户支持方面的重视程度不够,缺乏可持续发展的能力。

四是高校管理信息化发展要快于教育信息化发展,信息服务水平有待提高。

五是观念落后,信息素养方面教师要落后于学生。

六是在校园信息化相关管理政策、规章制度、保障体系方面,有待进一步完善,要重点解决经费、人员、具体工作落实问题。

七是国内高校对电子资源的知识产权保护问题缺乏足够的重视。

八是信息安全意识薄弱,信息化高端人才严重不足。

二、高校教育信息化建设实践策略

国内外高校教育信息化在组织管理体制、校园规划、资源建设、教学信息化等方面建设的一个要素是开拓创新,创新是一切事物发展的不竭动力。高校信息化的发展当然也离不开创新,但创新不是随便创新,创新必须遵循事物的发展规律。高校教育信息化建设的创新需要结合高校的性质、类别、已有的发展水平等实际情况。对于多校区的高校,在信息化机构设置上要结合本校多校区的实际情况,在其他校区分别设置信息技术服务部。

(一)强化学校领导的信息化意识

学校领导在推动教育信息化的建设中起着决定性的作用,其信息化理念及核心领导力影响着学校信息化推进的速度。因此,我们推进信息化建设的过程中,

首先要提高领导层的推进信息化建设的决心，这样才能推动学校信息化建设的全面开展，使信息化建设能够有序进行。

（二）转变思想观念、深化体制改革

信息时代学校的组织结构逐渐由科层制向扁平型转化，管理策略向柔性靠拢。领导方式逐渐走向道德型，这可最大限度地激发教职员工的主动性和责任感。学校将呈现更加开放和社会化的特点，办学模式将更加多元化，网络学校、家庭学校、虚拟学校、全纳学校等多种办学模式将并存发展，这使得教学模式具有多元性，不仅有以传统讲授为主的教学模式，而且重点启用探究式教学模式、启发式教学模式以及研究性教学模式。

高校应转变教育思想观念，进一步抓好教学基础设施设置和布局的相关工作，整合现有教学资源，对相近专业的实验室进行合并，挖掘内在资源。高校应逐渐改善基础教学类实验平台、完善专业教学类实验平台、构建多层次跨学科的学科类实验平台。实验室体制改革应严格按照"三个有利于"原则，即有利于实验室管理、节约教育资源，有利于课程的统筹安排，有利于教学内容、教学方法的变革，为学校培养高素质专业人才打好基础。

（三）完善高校教育信息化管理机制

高校的教育信息化建设不仅仅涉及技术问题，管理问题更是制约和影响高校教育信息化建设的重要因素。由于我国高校教育信息化管理机制发展于高校传统的管理体系中，因此，随着信息技术在高校中应用的逐渐深入，旧的高校教育信息化管理机制已经不适应高校教育信息化发展的要求。各个高校应根据自身情况，不断探索最适合自身发展的新的管理机制，不断探求新的管理模式。

1. 构建"上推下主"的体制

高校的管理体制规定着机构设置、职责运行和权限划分，高校中推行大数据共享和应用，显然要涉及对传统管理模式所形成的利益关系的调整，因而需要触及体制的调整与改革。只有从顶层部门进行全面、细致、强力的规划推动，才能减少乃至消除职能部门间资源共享的屏障。信息化部门应借助自身在技术层面的优势，整合各业务系统的数据，形成数据中心，变被动为主动地去维护数据。同时，也要为学校职能部门等不同层次的用户提供定制的主题数据分析。各职能部门也要充分沟通和配合，及时反馈和跟进。只有采用这种顶层推动、信息部门主导的模式进行体制改革，才能有效地推进大数据在高校中的应用。

2. 完善信息化建设顶层设计

信息化建设是一个烦琐、系统的过程，需要逐步形成各类技术和应用规范。特别是操作系统的建设需要参考业务部门的实际状况进行，要制定系统建设详细的时间规划，不能在条件不成熟时仓促建设。同时，在建设过程中还要应对各类突发情况，对于学校发展急需的某些方面的应用，则要保证投入足够的人力物力，按照应用程度的轻重缓急，优先发展学校急需的应用系统。因此，信息化建设的顶层设计应遵循以下原则。

①稳定实用、管理方便。主要技术与产品须具有成熟、稳定、实用的特点，要树立服务于学生的宗旨，让学生能够方便使用；同时也要便于管理。

②超前设计系统架构。系统的设计应具有超前的思维，采用先进的技术和算法，在一定的时间段内保证系统的先进性；注意系统的可靠性与稳定性，确保系统具有最大的平均无故障时间。

③易开发、易扩展。关于数据标准和协议等相关内容要按照标准化原则执行，尽可能减少不同操作平台间的相互依赖性，使系统结构模块化。硬件方面要充分发挥服务器群可扩充性的优势，形成适合院校特征的软硬件环境。

④协调发展、突出应用。各个应用系统的建设是信息化校园建设的重要内容。在制定信息化校园建设规划的过程中，选择易实现的应用系统作为试点工程，集中技术力量重点突破，力争尽早使用，以此带动全面工作的开展。

⑤安全可靠、方便。在信息化建设过程中应统一规划、分步实施，以学习需求为导向，实用性与先进性相结合，以数据交融为切入点，以科学高效管理学校为目的；立足本校基本情况，充分利用已有网络基础设施、业务应用系统、服务器的环境以及其他数字资源等信息化资源与人才资源；对学校行政管理、科研管理、后勤管理进行创新，避免部门本位主义；从学校全局出发，搞好信息技术与已有资源的深度融合；以需求为导向、数据整合为突破口，按照项目种类、所占权重的不同，按步骤实行、有力推进，实现项目实施的科学统筹与监督；不仅仅要建设信息化相关的网络设施、基础软件平台以及各种业务应用，而且要逐步建立功能完善的信息化管理与维护体系，制定统一、开放的信息化管理标准与规范，培养信息化建设、运营与管理的专业队伍，采取相应的安全措施，包括建立系统以及数据的安全机制等，要制订详细的保障计划，使信息化平台安全运行。

面对当前教育信息化的发展趋势，结合学校自身发展现状和存在的问题，高校可确定以"总体规划、分步实施、全面发展、持续优化"为主要内容的发展战略方针。高校不能预测未来，但可以规划未来。高校可根据对已有的基础设施和信息化应用情况的分析，制定信息化建设的规划蓝图，以确保信息化建设合理、有效地进行。

（四）拓宽信息化建设经费保障渠道

在学校信息化建设经费预算中，高校可设立信息化建设专项资金，从信息化建设顶层设计到应用的试点与推广，确保有对应的资金长期支持信息化建设，在此基础上，应对资金的使用情况定期检查，以保障信息化建设有力地推进。

在现有政府财政拨款的基础上，高校应多渠道多方位筹措学校信息化建设经费。力争信息化建设经费的投入逐年有所增加；优先考虑量大面广的基础层的建设，使有限的现有资源发挥最大的作用。建设经费和运行经费短缺是制约信息化建设的最主要原因，因此，多渠道筹措经费，有利于信息化建设健康发展。在信息化建设过程中，应按照政府引导、社会参与的原则，采取企业垫资建设、学校付费使用等方式，加强与网络信息运营商的合作，促进企业参与教育资源的开发。

（五）完善高校教育信息化师资队伍的建设

在高校教育信息化建设的过程中主要需要培养以下三类人。第一类人主要是信息化教师队伍和管理队伍。这一类人需要及时更新教育观念，使得信息技术相关知识渗入每一位教师和管理人员的心中，从而提高每个教职工的信息技术知识水平以及信息技术应用能力。第二类人主要是信息技术保障队伍。作为高校开展信息化教学的先决条件和主要影响因素，各种信息化软件以及硬件设施作用的正常发挥，要求高校配备和培养专业型人才。第三类人是信息化理论研究人员，目前高校教育信息化相关理论理念还不是十分健全。信息化理论研究人员要针对信息化在不同时间段所浮现出的新问题，给出合理的应对策略。理论和实践应相结合，只有在理论层面上对信息化进行深入理解，才能在实践中不断检验理论是否可行。

1. 创新教师教育培养模式

目前，教师所具有的信息技术知识已经不能适应新时代教学的需求，定期的培训就显得尤为重要。信息技术培训将是在职教师继续教育的重要内容。我国高等学校应充分结合自身的实际情况，根据教师现有的实际信息技术水平，开展有针对性的且行之有效的培训。在教师培训的过程中，应将基本信息技术技能培养与学科教学信息技术能力的提高相结合。

2. 建设开发多元教学资源库

高校在引进校外公共平台教学资源的基础上，应加强自身教学资源库的建设。这样既有利于对现有优质教学资源进行校内推广，又有利于利用"互联网+"平台对其进行校外的推广，对提高教学质量、扩大学校的影响力均有积极的作用。

3. 完善信息化人才队伍建设

高校应加大信息化技术人员的培训和引进力度，提高信息化技术人员的整体业务素质，建立一支结构合理、素质良好的信息化建设人才队伍。让新留校或调进、引进的青年教师轮流从事信息化管理工作，带动青年教师队伍整体素质的提高。

信息化领军人才对学校信息化的发展起着核心作用。高校信息化建设是一项复杂的系统工程，对信息化建设的谋划、组织、管理就变得十分重要。信息化领军人才既是技术难关的研判者，也是攻克难关的组织者。因此，高校需要通过内部遴选和人才引进等方式确立信息化领军人才。

信息化人员在高校主要从事教学、科研、管理等方面的技术服务支撑性工作，对于他们应建立针对性较强的工作评价和激励机制。关于人员岗位的职称评定以及薪酬改革等方面的内容，必须建设相应的评价机制体系，并针对职称评审、岗位聘任制度做出统一的政策性文件，在制定相关政策时，可以向关键岗位、核心人才做出相应的倾斜。信息技术的发展日新月异，为保证信息化建设队伍日益壮大，在确保核心人员稳定不动的先决条件下，可适当控制编制人员的规模，按照"在编—聘任—临时聘用—学生队伍"的模式对信息化建设队伍进行相关的配置，确保队伍年龄结构合理。

目前，市场上信息化专业人才竞争激烈，学校的薪酬体系在信息化人才的引进上缺乏竞争力。学校应依据自身情况，制定明确的薪酬制度，引进信息化高端人才，允许软件开发工作者接手本校软件开发工作并支付相应的薪酬，从自身实际出发，逐步消除信息化人才引进校园的障碍。

在学校的教学保障工作中，高校积极利用现有的在读学生资源，可以取得不错的成效和效果。不少研究生利用课余时间加入学校教学保障队伍，在发挥自身能力的同时得到了很好的锻炼机会，提升了自己的信息化素养。

各类信息化企业在信息化项目承接、软件设计等方面有成熟的技术和较多的工作经验。高校可采取项目委托或协同制作的形式，争取企业委派专业工作者长期驻校进行相关工作，这既有利于学校信息化建设工作的开展，又有利于企业产品的应用。

高校在信息化建设中开发的创新性、可复制推广的信息化应用应积极向其他院校进行产品化推广。高校在制定管理策略时需联系自身具体情况，促进信息化新技术的产品转化，允许创新型工作者取得成果利润，这样不但可以吸引专业人员参与高校信息化进程，也能减轻学校的人员薪酬压力。

（六）推进大数据在高校教育信息化建设中的应用

1. 制定科学的数据规划

在教育信息化发展历程中，高校早期缺乏信息化的意识，积累的数据质量参差不齐。即使在大数据时代的今天，信息化工作人员对于数据规划的意识依然欠缺。他们只是简单地认为所有的数据都是有用的，但是具体怎么用，哪些可以共享，并没有明确的规划。通过总体的科学数据规划所得到的数据模型将是富有生命力的，在数年之内，它们只需凭借微小的调整和增加，就可适用于多种类型的系统和数据库。所以，拥有一个数据的长期规划是非常必要的。

2. 加强数据的质量管理

数据质量是数据分析结论有效性和准确性的基础，也是最重要的前提和保障。对于大数据在高校的应用，数据的质量管理需要考虑以下几个关键问题。一是数据收集阶段的标准化、全面化、高效化。在收集数据时，既要满足收集速度和精度的要求，又需要满足数据来源的质量要求，从数据源头保证数据的质量。二是数据清洗过程中的合理化和精确化。去除大量的噪声数据，精确地提取有效数据，保证数据处理过程中的高质量。在此基础之上，高校应加强数据标准建设、重视历史数据积累、学习数据处理技术等，以求在数据准备阶段提高数据质量。

3. 提高大数据的利用效率

对于大数据而言，高校进行资源整合的基本前提和目的就是改变高等教育对大数据的局部不适应，并通过大数据的有效应用推动高等教育进行创新和改革。大数据在高校中应用本身是推动高等教育信息化、促进高等教育改革以及提升高等教育质量的一个有效手段，而高校满足大数据应用资源需求既有利于实现自身的战略目标，又有利于通过对高等教育信息化的推进、人力资源的提升以及校际联盟的成立整合自身资源、发挥资源最大效益，从而实现资源的有效共享。

首先是围绕建设高效数据平台的目的，升级学校的软硬件设备。目前高校现有的信息采集设备和系统的基本状况主要是缺乏对更全面的过程数据进行采集的能力，今后以传感器、射频识别设备、智能嵌入设备和激光扫描设备为核心设备群的"物联网"的加入，将大大改善这种状况。物联网不仅能够实时地感知并传送数据，通过与计算中心的连接，还能根据命令对"网"中的物体进行实时的控制，这极大地提高了大数据平台信息收集和反馈的能力。大数据的实时处理需要较快的数据传输速度，而部分高校当前的数据传输速度无法实现对包括视频、音频在内的大规模数据进行实时传输，高校需要通过更改有线和无线网络布局、升级网络设备和优化数据传输机制等措施升级数据传输系统。对于数据存储和分析系统，高校应有区别地引入分布式数据管理系统和云科技系统，并对现有的数据存储和分析系统进行升级，分布式数据管理系统能够在不损坏数据的基础上对数据规模进行一定程度上的压缩，并具有一定的大数据处理能力，而云科技系统能够提供较大的额外存储空间和强大的数据计算能力。

其次是创新和丰富数据文化。大数据的本质是一种技术和一种工具，是人们解决问题的一种方式，它包含着将世界"数据化"的目的，是工具理性的天然扩张，但大数据必须置于人的控制之下，束缚在价值理性的"牢笼"里，我们排斥"工具理性"，并不排斥理性。在教学中合理有效地使用工具，不是多了负担而是少了问题。高校作为文化传承创新工作的承担者，需要构建一种基于价值理性和工具理性的统一、充分与合理的应用大数据技术的数据文化，以解决我国教育体系内理性缺失的问题。高校数据文化的形成意味着以高校文化为代表的社会主流文化对大数据理论的吸收，同时也意味着高校将大数据应用的伦理规范转化为具体的行为准则，即将大数据保护隐私等以人为本的应用原则具体为大数据应用过程中相关人员的行为章程，包括从数据采集、数据分析到数据分析结果转化为教育实践和决策的整个过程，这是建立一套持久运作的大数据应用体系的必备条件。

最后是加强对大数据的推广。高校应利用自身学术权威的地位，通过对大数据进行学理的反思、实践的验证以及进一步发展的研究，规范大数据的发展并将正确的大数据理念推向社会，促进社会各界对大数据的充分认识；开发简单易用的大数据应用，注意应用的友好度，对于大部分管理者、教师和学生等非专业直接应用人员，过于复杂的操作将大大消磨其使用大数据工具的积极性；满足希望提升自身大数据应用能力的社会人员提供培训的需求，进行大数据相关知识的培训，从理念和技术上提升其能力以达到其学习要求，满足希望从事大数据相关职业的学生的学习需求，开设数据科学、大数据等相关专业，培养专业的大数据人才。

总之，高校应充分利用其特有的创造知识和传播知识的优势，大力发挥其培养人才、发展科学、服务社会以及传承创新文化的职能，完善并推广大数据应用技术，助推全民数据素养的提升。

第三节 大数据环境下高校教育信息化平台建设

一、高校教育信息化平台建设的必要性

教育信息化平台的建设是实现全域数据互联互通的基础保障。在教育网络框架下，可将教育及管理工作进行有效整合，利用各种计算机设备、软硬件系统等，可保证教育数据传输的对接性，从而为各项教学工作的开展提供数据支撑。

从实际教学管理来讲，高校可打造一个校园局域网络，利用局域网与广域网的对接，增强教育资源的可拓展性，以满足新时期下教育改革的要求。在教育信息化平台的建设下，高校可将各项教育管理工作进行数据化的整合，利用数据信息所呈现出的特征，确保教育工作的统筹性开展，进而为学生提供更为优质的教育资源，令学生在学习过程中，可实现自身多元化、个性化的发展。

从学生发展角度而言，高校教育为社会发展提供人才供给保障，教育信息化平台的建设，则可进一步深化高校的实际教育功能，使高校能够实时进行教育管理，使数据信息能够映射出学生现阶段的学习情况，使教师及管理人员可通过数据信息，制定科学的教育管理规划，使学生树立正确的专业意识、职业意识等，为学生的全面发展奠定坚实的基础。

从教育成本来讲，虽然教育信息化平台建设会消耗一定的教育资金，但是从长远目标来看，利用教育信息化平台，可有效实现教育资源的高度集成，有效缩减不同区域教育的差距。同时教育信息化平台所具备的可拓展功能，使得高校只需要更新软件与硬件设施，便可满足计算机信息技术的发展诉求。

二、大数据在高校教育信息化平台建设中的作用

高校大数据应用平台通过集成高校目前的教学、科研、管理等方面的信息系

统，并对硬件设备进行统一的规划和升级，优化了高校软硬件资源的配置，为高校大数据的采集、整合和分析奠定了软硬件的基础，是高校大数据应用更进一步的基本前提。高校通过开发成熟的大数据技术体系，不仅促进了大数据技术的发展，还为大数据功效在高等教育中的进一步发挥奠定了坚实的基础，这是促进大数据和高等教育共同发展的核心过程。

（一）整合数据资源并简化大数据应用

高校建立大数据应用平台时，在整合原有信息系统的基础上主要是对数据采集设备、数据传输网络、数据储存和分析系统进行升级，并将繁杂的大数据交付专业人员处理，为一线教师减轻负担。高校大数据应用平台是一种将学校信息设备升级和信息系统整合后的高度集成的信息处理平台，可以有效提高数据管理质量和效率，促进资源共享，为高校管理决策提供证据支撑。大数据集成推动了高校资源配置的优化，同时大数据工具的集成简化了大数据的应用，使得大数据技术在人才培养、科学研究、社会服务和文化传承创新等多个方面能够全面推动高等教育的发展。

（二）实现大数据本身功效的提升

当前高校大数据应用平台已具备基础的大数据处理能力，但是还谈不上成熟，在大数据的处理流程中，特别是数据收集、存储和分析等环节现有技术仍无法满足人们对数据信度和效度、数据传输和存取实时性、数据分析效率的要求。同时整个大数据技术体系建立的成本和处理流程的能耗在当前也不能让人满意，因此进行技术方面的改善和突破便势在必行。对于高等教育来讲，成熟的大数据技术体系的建立将更有效地发挥大数据推动高等教育发展的作用，也将极大地改善大数据在高校中应用局限性的窘境，而成本和能耗的降低也将使大数据获得更多高校的认可，吸引更多的高校将大数据渗透进教学、科研和管理等活动中去，这无疑会促进大数据在高等教育中深入发展。

三、大数据环境下的高校教育信息化平台建设策略

（一）选择合适的信息化平台

1. 平台需确保学生能完成高效的自学

在翻转课堂中，教师在课前传授新知识，学生在线学习。这就要求信息化平

台可以支持教师上传微视频、图片、文档、音乐等，支持学生便捷地观看在线视频或下载资料等。

2. 平台应能帮助教师减轻批阅负担

信息化平台应有自动批阅功能，从而让教师摆脱大量重复的批改工作，使教师可以把原来批改试卷的时间更多地放在教学的其他方面，提高教学质量。目前，自动批阅仅限于选择题、填空题等一些客观题，对于一些主观题暂时还无法实现自动批阅。

3. 平台需有良好的反馈功能

教师的课堂教学要以学生课前自学的情况为依据，因此信息化平台需要有良好的数据统计和分析能力，记录学生观看的内容、时间点，以及哪些学生花的时间较长，哪些学生做错了哪些题，哪些题的错误率最高，学生测验成绩的趋势等。信息化平台还要对这些数据进行分析，绘制出清晰的图表，以供教师确定课内教学的重难点，并进行个性化的指导。信息化平台对作业和测试的统计分析结果是设计课堂教学活动的主要依据之一，它要提供关于学生自学效果的详细分析结果，并让教师从中看到自身需要改进的地方。所以，信息化平台的数据统计和分析不能仅仅停留在把学生成绩显示出来的层面。

4. 平台应可以实现学习者的个性化学习

学生的学习基础和学习风格是不一样的，如何设计不同的教学内容来引导学生进行学习呢？教师可以借助信息化平台的数据统计分析功能来了解每一位学生的情况，然后借助信息化平台的分组功能将学生分成若干学习小组，因材施教，实现个性化学习。不仅如此，分组既可以促进小组内的合作学习，也可以促进同学之间的交流。

5. 平台需要有良好的互动交流功能

在传统教学中，学生除了上课，其他时间主要靠自己完成作业、预习和复习。无人帮助的学习很容易让学生丧失学习信心，因此，信息化平台必须能使师生、生生之间方便快捷地进行交流。

6. 平台需要有良好的激励机制

激励工具可以更好地激发学生的学习欲望。同时，激励方式的不同对学生学习欲望的激发有很大影响。常见的激励方式有积分和表扬。信息化平台可以采用授予勋章的方式，就像玩游戏一样，学生完成了任务，就颁发对应的勋章。

7. 平台需要有动态提醒工具

有一些信息化平台的提醒工具比较简单，对教师来说，信息化平台应该能够提醒教师有哪些新消息、学生完成作业的动态、讨论区动态等；对学生来说，信息化平台要能够提醒学生有哪些任务、讨论区动态、新消息等。提醒工具要醒目，要让用户迅速看到。

以上是信息化平台必备的一些功能，当然，还有一些其他功能能够使教学和学习活动更丰富有效。例如，同伴互评功能可以增强同伴之间的交流。传统的课堂上一般是教师对学生进行评价，而有互评功能的信息化平台可以更加便捷地使学生进行互评；投票功能可以有效提高学生学习的参与度，有利于激发学生的学习兴趣；错题本功能可以实现错题自动生成和更新管理，学生不仅可以回顾错题，还可以对错题进行管理。

（二）提升教师信息化意识

正所谓理念决定行动，教师的信息化理念将会直接决定其信息化素养的发展。随着现代网络技术的快速发展，教育教学活动也呈现出信息化、网络化的特点。对高校教师来说，他们更应该树立全新的教学观念，自觉转变自身的教育意识，充分认识到信息化教育的优势及特点，能够结合教学实际灵活地开展信息化教学活动。高校教师在日常工作中，要强化自身的信息化思维，主动学习信息化教育技术，尤其是在课余时间，高校教师更要自觉地利用网络学习新型教育模式、信息化教育方法，在课堂教学实践中，要自觉地将学到的知识应用到教育活动中，以此促进教育效果的提升。例如，要教会学生运用现代信息技术进行创新性学习，教师自身先要进行创新性学习的示范，在如何做笔记、如何听课、怎么思考等方面教会学生运用各类软件代替纸笔。

此外，高校教师也要学会用信息化手段与学生沟通交流，充分把握学生的学习状况、思想动态，对学生进行有针对性的引导，为学生发展奠定良好的基础。

（三）重视大数据人才的培养

首先是成立"大数据应用与研究联盟"，单个高校力量薄弱不足以支撑某些耗资巨大的大数据研究，那么寻求高校间甚至高校与社会科研机构、政府以及行业企业的合作以谋求更多的资源便成为必然选择。高校关于大数据的应用和研究应该成立一个以高校自身为主导的，如同协同创新中心那样突破高校内部以及与外部的机制体制壁垒的联盟，高校带头联合社会研究机构、政府和企业共同进行大数据理论系统的完善、成熟大数据技术体系的开发、高校以及社会其他领域大数据应用的开发。通过成立"大数据应用与研究联盟",高校汇聚了更充足的资源,集合了更多的优质创新力量,能够攻关大数据体系里更巨大更复杂的系统工程,为大数据的应用和研究提供了重要支撑。

其次是加强对大数据人才队伍的建设,即对大数据应用人才、大数据管理人才和大数据研究人才整体队伍的建设。引进和培养大数据应用与管理人才,加强应用大数据技术的能力,主要包括对大数据应用和管理人才的引进,对专业数据人才的培养,以及对学校教师数据意识和素养提升的培训。第一,高校应配合高等教育信息化进程的推进和大数据的应用,调整教学和管理队伍结构,完善岗位设置,引进大数据应用人才和大数据管理人才,使其帮助高校转变思维,落实大数据的应用。第二,"高等教育要先行",即高校应面向未来培养人才,根据合理地预测社会未来所需的人才,进行对应的人才培养。当前大数据的发展如火如荼,可以预计其未来数年乃至数十年都将保持良好的发展趋势,在当前社会中包括高等教育领域大数据应用和管理人才都处于非常匮乏状态的前提下,市场对大数据应用和管理人才的需求将在数年内保持稳定甚至增长的态势,大数据人才缺口愈发明显。根据此形势,高校培养人才和社会服务的职能都必然要求高校设置对应专业,加快加强对大数据应用和管理人才的培养。第三,高校应提升教师的数据意识和数据素养,数据意识即对数据的认识和理解,了解其价值并知道其局限性,同时明了误用的危害,数据素养即理解相关领域内数据内涵并能够在此领域内应用数据的能力。

总体来说,高校对教师的培训应使教师具备一定的数据技能,使其能够在自身工作范围内熟练运用数据技术,如教师根据网络考试系统向学生提供个性化的有效学习支持等;同时教师还应具备一些基础性的能力,如了解数据的价值,承认数据的局限性。教师应具有一定的判断数据来源、数据收集和分析的信度效度的能力;善用数据,能够读懂各种统计数据;注重自身数据隐私的保护,不随意泄露他人数据。高校应按照联盟中不同机构的合作和分工,相应地引进和培养自身所需的大数据研究人才,联合建设一支合作紧密、分工明确的专业"高精尖"大数据研究队伍,从而实现对大数据系统高效地研发。对于整体的大数据研发工程,能够沟通不同学科领域、进行框架建设的通才是不可或缺的,这需要高校吸纳足够的人文与社会科学的人才,同时保证其充分地交流与合作,完成对大数据理论体系的构建;而对于具体分工的大数据技术研究项目,其研究队伍有更高的专业化要求,这需要高校吸收和培养更高水平的数据科学与信息技术方面的人才，以支撑对大数据技术的突破和创新；大数据与具体学科结合的研究，则是需要具有学科背景的大数据研究人才，这需要高校进行交叉学科的建设和人才的培养，以支撑大数据时代学科发展的实现。加强对大数据人才的引进和培养，为高校大数据应用和研究提供人力支撑，是促进大数据和高等教育有机结合的重要保障。

第五章　大数据环境下高校管理信息化建设

大数据时代，我国高校急需通过信息化管理的方式，提升高校的管理效率和管理成效。高校不仅要跟得上时代发展的脚步，还要通过信息化技术的应用，提高内部的管理效率。应用大数据技术对学生进行管理，分析数据及时更新高校的培养方案，有利于培养更适应信息化社会的人才。

第一节　高校管理信息化相关理论

一、高校管理信息化的内涵

高校管理信息化是我国未来高校管理发展的重要方向，是高校教育现代化的重要内容。研究者从不同的研究领域和研究视角出发对其进行定义，主要有以下几种较具代表性的观点。

从战略的角度出发，2014年教育部发布的《教育管理信息化建设与应用指南》从战略的高度指出教育管理信息化的内容与作用，提出教育管理信息化就是充分利用信息技术，开发利用教育管理信息资源，促进信息交流与共享，提高教育管理水平，推动教育改革与发展的历程。

从实际应用的角度出发，高校管理信息化就是利用计算机的数据管理和信息处理功能来支持高校管理工作，帮助管理人员检测、调控、评价和指导各项教育工作并为之提供有效管理的重要信息，以促进管理效率的提高。

从组织行为学的角度出发，有学者认为高校管理信息化可理解成一种组织方式，通过当代信息技术来实现高校教育管理的改变，提升高校教育管理的效率。在此过程中管理人员的信息传递与反馈能力得到进一步提升，整个高校教育管理的效率得以提高。

从系统学角度出发，高校管理信息化是为协调好教育管理者、教师、学生、信息化服务提供机构等各系统主体的关系，有效整合系统内部信息资源及外部环境资源，以优化资源的配置与利用，全面提升高校管理效能，支撑教育管理发展与改革，促进高校管理规范化、教育决策科学化、公共服务系统化，推动教育现代化的系统工程。

二、高校管理信息化的特征

（一）系统性

高校管理信息化建设是一项复杂的系统工程，包括教学科研管理的信息化、学生教育管理信息化、基础设施管理信息化、行政管理信息化，牵涉政府部门、高校、教师、学生、社会机构（软硬件提供商、电信部门）等主体。高校要充分协调各关联方的关系，使信息化资源能够得到更合理的配置，服务于教育管理，使教学科研管理效率得以快速提升，使高校管理信息化系统能够有效支撑高校治理体系和治理能力的现代化。

（二）目标性

高校管理信息化作为教育现代化的重要组成部分，具有目标性强的特点。在国家层面，政府可以利用教育管理公共服务平台，准确全面地掌握高校动态数据。这些数据可用于辅助教育决策，提高教育监管能力，提升公共服务水平。在学校层面，高校可以充分利用信息化基础设施与信息资源，节约工作时间，提升学校行政、教学、科研等领域的管理效能，实现信息技术与教育教学的深度融合，达到提高教学质量、改善教学条件、提升管理效能、促进教育发展的目标。

（三）协同性

高校管理信息化系统是一个非线性的反馈系统，系统内资金投入量、基础设施及信息资源建设情况、信息化人才储备量、教师及学生的信息素养、科研及教学管理效率、政策规划完善水平、教师及学生的数量等各要素之间的反馈作用，又受到外部主体、经济水平、教育水平、信息化发展水平等外部环境的反馈作用的影响。该系统既有促进管理信息化发展的正反馈作用，又有阻碍其发展的负反馈作用，协调好系统内外各要素的平衡发展是高校管理信息化建设的关键所在。

（四）可塑性

高校管理信息化系统构成元素的复杂性和系统性决定了其具有一定的不稳

定性，其中包括人的因素的影响，也有物的因素的影响，还有政策导向和社会经济发展等因素的影响。教育信息化资源往往具有很强的可塑性，如教师学生资源的发展性，教师教学能力、学生学习能力、师生的信息素养水平都可以通过一些途径得到不同程度的提高，尤其是随着信息化时代的发展，教育管理的可塑性特征越发凸显。

三、高校管理信息化建设的系统内容

（一）系统主体

系统主体指承担系统有效运行发展、决定管理方向和进程、促进管理效能提高的有关组织和人员，是教育管理信息化进程中的主要参与者。管理者和管理机构是系统主体的两个有机组成部分，其在高校管理信息化建设中具有无法替代的功能与效用，都不同程度地参与教育管理信息化的建设，并在其中扮演着不同的角色，起到不同的职能作用。管理信息化系统的主体主要有政府教育行政部门、学校、教师、学生等组织或人员。

（二）系统外部环境与内部资源

外部环境因素通过物流、信息流、资金流对系统产生影响，而内部资源因素的改变往往可对高校管理信息化产生直接影响。系统的外部环境与内部资源通过不同的路径影响着高校管理信息化的进程。高校管理信息化的外部环境主要包括教育发展水平、信息化发展水平、经济发展水平，内部资源则包括基础设施、信息化资源、信息化人才、教师和学生、支持经费等，不同的外部环境对系统的影响的程度不同，内部资源的配置不同也会给系统的运行方式与结果带来不同程度的影响。

第二节　大数据环境下高校档案管理信息化建设

一、高校档案管理信息化建设相关理论

档案管理信息化建设是档案事业应对迅猛发展的信息社会的必然选择。随着社会信息化进程的加快和社会信息量的不断激增，汹涌的信息浪潮已使人们感到

有些无所适从，人们迫切需要信息服务部门帮助他们迅速、准确、方便地找到所需的知识和信息。作为社会信息资源的基础性资源，档案信息具有来源广泛、覆盖面大、内容真实可靠等特点，与国民经济和社会发展密切相关，被誉为"信息资源之源"。

所以，档案部门要想应对时势变化和适应社会发展的要求，就要及时地开展档案的信息化建设。

（一）档案信息化的概念

档案信息化是构成国家信息化体系的基本要素，反映了国家信息化战略在档案领域中的重要地位。档案信息化主要是在国家的总体规划和系统组织下，运用现代化的信息技术，对档案信息资源进行全方位的管理，使社会对档案的需求得到最大限度的满足。

对档案信息化概念进行分析与理解后，可以将档案信息化建设的内涵具体总结为以下几点。

1. 统筹规划，精心组织

档案信息化工作是国家信息化工作体系的有机组成部分，也是国家信息化在档案领域的具体实现。

2. 全面应用现代信息技术

在档案信息化建设的过程中，要全方位、综合地运用各种现代信息技术，将其应用到档案工作的各个环节，不断进行技术更新，在适用的前提下尽量应用先进的技术。

3. 合理配置和科学管理

档案信息化发展的最终目的就是要切实加强档案信息资源的合理配置和科学管理，使档案信息资源实现数字化、标准化、系统化、网络化，实现档案信息资源真实、完整地采集和保管，安全与合理地使用，以满足社会各方面日益增长的利用档案信息的迫切需要。

4. 档案管理模式的变革

档案信息化是政府、企业和其他各种产生电子文件和电子档案的社会活动信息化的延续。档案信息化工作的开展能够促使档案管理模式从以面向档案实体保管为重点，向以采用多种形式的数字化档案为社会提供服务为重点转变。

（二）档案信息化建设的内容

我国档案信息化建设有六项核心内容：档案信息化基础设施建设、档案信息资源建设、档案管理应用系统建设、档案信息化标准规范建设、档案信息化人才队伍建设、档案信息安全保障体系建设。基础设施是条件，信息资源是核心，信息利用是目的，标准规范是手段，人才资源是关键，安全管理是保障，各项建设内容相辅相成、不可或缺。

1.档案信息化基础设施建设

基础设施建设是档案信息化中非常重要的内容之一。基础设施主要包括计算机软硬件基础设施和各类辅助设施，如信息高速公路和宽带网、各种通信子网、内部局域网以及与之相配套的软硬件设备等。软硬件基础设施是档案信息化建设的物质条件，是档案信息资源开发利用和信息技术应用的基础。

2.档案信息资源建设

档案信息是国民经济和社会发展的战略资源之一，它的开发和利用是档案信息化的核心任务。档案信息资源建设是档案信息化建设的基础和核心，是档案信息化建设取得实效的关键。其内容主要包括两大方面，一是已有各种档案资料的数字化工作；二是电子文件的归档与管理。

3.档案管理应用系统建设

档案管理应用系统建设是档案信息资源开发利用和档案信息网络建设的技术保障，关系着档案信息化建设的速度与质量，体现着档案信息化建设的成效。档案管理应用系统目前主要有针对不同应用环境开发的各类档案管理软件、基于政务网的文件档案数据库系统、基于互联网和政务网的档案网站、基于实体馆藏综合各种信息技术而建立的数字档案馆等。

4.档案信息化标准规范建设

档案信息化标准规范建设是档案信息化快速、有序、健康发展的保障。它从管理、法制和技术等方面规范和协调档案信息化各要素之间的关系，法规、标准的制定和执行是信息化建设的保障，也是档案信息化建设的重要基础之一，是不可或缺的必要条件。

5.档案信息化人才队伍建设

档案信息化人才是档案信息化建设的基础，是保证档案信息化建设持续发展的关键。重视信息化人才的培养，提高档案从业者的信息素养和信息技能，打造一支适应档案信息化建设需要的人才队伍,是档案信息化建设的重要内容。

6. 档案信息安全保障体系建设

档案信息不同于一般信息,档案中有相当部分的内容包含敏感信息,具有保密和利用限制性。这些信息一旦泄露或被非法利用,将威胁国家的安全、损害公众的利益、危及社会的稳定。因此,我们必须建立安全保障体系来严格管理对档案信息的利用。

(三)高校档案管理信息化的原则

高校档案管理信息化,作为档案管理信息化的特殊应用场景之一,结合高校档案管理的现状与需求,须遵循以下两条原则。

1. "双轨制"原则

"双轨制"就是在档案信息化建设的过程中,不抛弃原有的纸质档案载体,形成以纸质版档案为正本,数字化档案为副本的档案存储管理方式。"双轨制"方式实现了纸质档案与数字化档案的双重备份,一方面数字化档案保证了档案信息搜索使用的便捷性与高效性;另一方面纸质档案解决了数字化档案的法律效力问题,提高了档案管理的安全性。"双轨制"档案管理方式目前在高校档案管理中已经得到了较为广泛的应用。

2. 全周期管理原则

档案管理不仅仅是对档案的存储与使用进行管理,更是对档案的生命全周期进行管理,即对档案从产生、存储、使用到销毁的全生命周期进行管理。全周期管理是一个长期的档案管理过程,管理人员需要正确把握不同档案的客观运行规律,充分掌握档案在不同阶段的特点,并对不同档案的生命周期进行监控,以更好地满足档案的管理需求。

二、大数据环境下高校档案管理信息化建设的必要性

(一)国家信息化建设的具体表现

从宏观层面看,计算机和网络已将人类社会引入信息时代。在此背景下,各式各样的信息数据呈井喷式增长,社会对于数据应用的需求日益多元化,这就对各领域、各行业提出了信息化建设的迫切要求。档案管理信息化建设为新技术背景下的档案工作指明了前进的方向。

高校档案管理信息化建设，是对国家信息化建设过程的直接反映，更是促进高校更好更快发展的必然举措。高校紧紧依托国家和区域信息化基础设施建设环境，有利于推动馆藏档案资源的数字化，以及加强各领域和各个环节的互通和交流。

（二）高校档案办公自动化的必然趋势

随着信息时代的到来，信息技术已经渗透到人们生活的方方面面。目前，我国高校都开始运用信息技术着力建设数字化校园，校园网的建立使得档案管理系统与高校档案办公自动化系统实现了无缝对接。信息化技术水平的高低已经是衡量高校档案管理工作现代化程度的最重要依据。

由此可见，当下高校档案管理信息化是高校档案办公自动化的必然趋势。在大数据环境下，利用新的管理方式将纸质文件资源和电子文件资源进行有效、有序归档，并将处理完成的资源收录到档案信息化管理软件中生成数字档案，已是高校档案管理信息化工作的最基本和最日常的内容。

（三）高校档案事业发展的自身要求

从中观层面看，高校业务繁多，档案数据总量大、门类广泛，是开展教学科研工作的重要依据。传统的档案工作服务模式更加注重实体管理，坐等利用者上门，提供被动式服务，造成了大量档案信息资源的闲置和浪费。

当前，面对新的发展形势和需求，如何实现对海量档案数据的高效管理，充分发挥档案的价值，是高校档案工作者急需思考并解决的问题。《中华人民共和国档案法》为高校档案管理信息化建设指明了方向，为档案事业谋求更大发展创造了契机。高校档案管理信息化建设既有利于扩大档案利用范围，又有利于优化档案工作服务方式，还有利于加深高校对档案价值的认识。

（四）提升高校档案工作效率的关键

新时期高校档案管理信息化有利于为高校乃至社会提供大量必需的、可靠的、公共性的、基础性的原生信息，从而有效实现信息共享，并为开发和运用社会公共信息资源提供了基本条件。更重要的是，借助信息化技术存储的所有档案信息，更方便被开发运用和创造出更为广泛的社会效益。在具体的档案管理工作中，管理人员在检查和验收数据的时候，可以借助档案管理信息化系统来快速完成归档工作，这就大大降低了抄录的工作量，缩短了档案生成和被运用的周期，因此从这点看，档案管理信息化有利于提升高校档案工作的效率。

（五）高校师生获取信息的现实需求

从微观层面看，信息时代，人们迫切需要方便快捷的方式从海量信息中获得所需的特定信息。高校档案工作贯穿于高校各个时期、不同领域，与学校中每一位成员都息息相关。高校需要对海量信息进行有效的组织、管理和挖掘，涉及档案的收集、整理、鉴定、保管、检索和统计等诸多方面。

高校通过档案管理信息化建设，采用现代化的储存和管理手段，将那些必要的、可靠的、数量繁多的档案资料信息灵活运用起来，及时、准确、完整、高效地提供给利用者。档案管理信息化有利于提高档案工作的现代化水平，提升档案工作的服务能力。

三、我国档案管理信息化建设取得的成绩

所谓档案管理信息化，就是在国家档案行政管理部门的统一规划和组织下，在档案管理活动中全面应用现代信息技术，对档案信息资源进行处置、管理，以及为社会提供服务，加速实现档案管理现代化的过程。换句话说，档案管理信息化指的是档案管理模式从以档案实体为重心向以档案信息为重心转变的过程。

目前，我国的档案管理信息化建设取得了一定的成绩，主要表现在以下两个方面。一是档案管理信息化建设普遍展开。随着对档案重要性认识的提高，在档案管理信息化建设大潮的影响下，各地逐渐对档案管理信息化建设进行了规划、部署，档案馆网站建设已基本全面展开。二是档案管理信息化环境大大改善。随着相关政策法规的进一步完善，各部门档案管理信息化意识进一步加强。

四、大数据环境下高校档案管理信息化建设存在的问题

我国高校档案管理信息化建设起步较晚，但发展势头较好。然而目前高校档案管理信息化建设很不均衡，存在一些有关理论性、政策性、技术性的问题需要解决。与其他行业信息化相比，高校档案管理信息化还存在着以下几个方面的问题。

（一）建设投入力度不足

高校档案管理工作受到多种因素影响，目前在人员配备、基础设施建设等方面存在着一定的不足，甚至一些学校并没有创建档案馆，只是单纯进行了档案管理，并配备了几名工作人员，这样不仅影响了档案馆的工作，同时也影响了学校

档案馆的发展。另外，受到经费限制的影响，高校档案信息化基础设施建设不足，这使得工作人员的工作效率受到直接影响。高校档案管理信息化建设要从增加服务器与计算机等方面入手，保证硬件与软件上的合理性。各个环节对资金有一定的要求，而高校出于节约资金等考虑，并没有投入足够的资金进行基础设施建设，最终高校档案管理的信息化程度也就降低了。

（二）档案管理软件较落后

随着以计算机为核心的数字技术和网络技术的发展，高校行政办公越来越追求效率和便捷性，使用的管理软件类目众多。很多高校科研、教学、人事等方面的管理软件每隔几年都会完善甚至更新，而档案管理软件很少完善和更新，面对每年剧增的档案量，很多档案软件已经无法满足档案管理的需求。

高校档案管理软件主要存在以下几个问题：第一，外界软件开发公司对高校档案管理软件的开发较少，高校的选择性很小；第二，开发软件的人员对档案工作不熟悉，致使开发的软件并不能满足高校档案事业的需求；第三，软件与软件之间缺乏统一标准，很难相互对接。

（三）档案数字化起步缓慢

馆藏纸质档案的数字化是档案信息化的基础工作。应该说，馆藏档案卷级和文件级目录数据库的建设不难，对现行管理中直接生成的电子文件全文数据库的接收和管理也指日可待，然而对馆藏纸质档案进行数字化、建立档案全文数据库就存在着巨大的困难。由于馆藏纸质档案数量巨大，对馆藏纸质档案进行数字化的工作量相当大，工作人员的任务繁重，要完成它并非易事，必须投入极大的人力和财力，这一工作需要高校各方面的大力支持。

（四）档案信息化观念薄弱

部分高校没有意识到高校档案管理信息化建设可以带来信息利用率的提高，也没有仔细对自身情况进行评估并构建适合自己的档案信息化系统。

一些高校的管理者意识到要进行档案管理的信息化建设，花费大量人力、物力、财力进行档案信息管理系统的构建，把构建档案信息管理系统和档案信息化建设混为一谈，认为档案信息管理系统建好了就等同于档案管理信息化建设完成了。从某种角度上来说，档案信息管理系统只不过是一种工具，不等同于档案管理信息化建设。少数高校由于考虑建设成本、高校规模等因素，即便是对档案进行了电子化的管理，实际上还是以纸质化档案为主。

（五）档案信息化利用程度不高

档案信息化管理的最终目标就是实现信息资源的数字化。高校应把档案管理的工作重点从进行档案实体保管和利用转向档案信息的数字化存储和向全校及社会提供优质高效的服务，以达到高校档案管理工作规范化、数字化、网络化和社会化的最终目的。把馆藏的纸质档案变为数字化的档案是当前所有高校档案信息化建设的一项基础工作。

但是，这项工作的开展并不容易。一是高校缺乏相应的设备，二是高校缺乏专业的人才。

（六）档案信息化缺乏统一的标准

目前，虽然也有一些国家档案标准或行业标准出台，但这仍不能满足档案信息化快速、有序发展的需要。要实现高校档案信息资源的全面共享，必须制定多方面的标准，如高校档案门户网站信息系统设计和高校数字档案管理软件的应用标准、高校纸质档案的数字化标准、各高校间档案数据库交互标准等。

（七）高校档案信息化人才严重缺乏

从专业结构看，档案专业和信息技术专业人员极少，既熟悉档案业务，又精通现代化信息技术的人员少之又少。绝大多数档案人员是非档案专业毕业，缺乏系统的档案和信息技术专业理论知识。目前档案信息化人才培养还难以纳入各个学校的重点工作计划。

（八）对档案信息化建设的认识有待提高

全面认识档案信息化的过程是教育思想、教育观念转变的过程，是以信息的观点对现实问题进行分析认识的过程。只有在这样的基础上提高对档案信息化建设的认识，我们才能进行彻底的档案信息化建设。

近年来，随着国家信息化建设的整体推进，校园信息化建设已呈现出良好的发展势头，而高校的档案信息化建设相对滞后。其中最主要的原因是有些高校的竞争意识淡薄，受主、客观条件的限制，传统的管理理念和思维方式严重制约了高校档案管理信息化的发展。所以，高校必须提高对档案信息化建设的认识，将其纳入校园信息一体化发展的进程中来。

（九）档案管理信息化缺少必要的软硬件环境

档案管理信息化建设的前提与基础是必须拥有信息化建设所需的硬件设备

和专业软件。就目前而言，许多高校档案管理部门还缺乏硬件设备，没有专用的服务器或采用普通计算机代替，如果高校档案机构没有生产和接收电子文件的设备，那么高校档案的信息化建设将无从谈起。所以，具备硬件设施是高校档案信息化建设的基础。

软件方面主要体现在档案业务管理和档案数据采集方面。目前有些高校还采用纯手工的方式管理档案。虽然也有一些高校采用了单机版或网络版的档案管理系统，然而大都没有和学校的其他管理系统（如学籍管理系统、成绩管理系统、资产管理系统）有机结合起来，系统处理功能较弱，系统的适应性、扩展性很差，根本无法满足现阶段高校电子校务环境下的档案管理工作的需要。

五、大数据环境下高校档案管理信息化建设策略

当前，各地档案系统统一性和联系性较差，档案信息化建设缺乏规划、缺乏统一标准。这给一些档案的传输、接收及整合利用带来了不便。在大数据时代，如何将"沉睡"在档案中的信息释放出来呢？

首先，充分利用大数据技术，做好档案信息化标准建设工作。"无规矩不成方圆"，档案信息化建设要统一规划、统一规范、统一标准，这样才能使得我们的档案信息资源被有效地整合，以达到档案信息资源共享和合理利用的目的。伴随着大数据规模的增大，可视化分析、数据挖掘、预测性分析、数据管理等大数据技术也飞速发展。在档案信息化过程中，相关部门要认清档案信息化建设工作的特点，充分利用这些先进的技术，做好各地档案信息化情况数据的采集、分析，去莠存良，做好档案信息化建设规划，形成科学合理的档案信息化建设规范和建设标准。例如，可以对当前各类数据进行分析，挖掘数据的特点，科学地预测、分析，预测未来的档案数据结构，从而更好地做好信息化建设规划。

其次，充分利用大数据环境，做好系统建设工作。档案管理系统的建设关系到档案信息化建设的速度与质量，是档案信息化建设的重要环节。好的档案管理系统应具备功能完善、便于移植、安全性高等特点，大数据应用的爆发式增长直接推动了存储技术、网络技术及软件技术的发展，同时，大数据发展带来的容量问题、安全问题、成本问题等，促使存储系统、安全性技术、重复数据删除技术等迅速发展。这些都对档案管理系统的建设产生了重要的影响。在档案管理系统的建设中，应充分利用大数据技术，一是完善系统的各项功能，

如数据整理、系统维护、档案编研、查阅利用、鉴定销毁等基本功能,并根据用户的特殊需求不断拓展新功能。二是设计的系统要便于"移植"。基于成本控制的要求,很多部门都会定制自己的"硬件平台",而不是用现成的商业产品,为适应这一需求,设计的产品应具有纯软件的形式,可以直接安装在用户已有的、通用的或者现成的硬件设备上。同时设计产品时要注意做好系统兼容工作,以便与其他各系统进行数据的共享与传输。三是系统的稳定性。软件系统的稳定性强调软件架构的稳定,即需求、代码等的变更对软件系统的影响要尽可能小,如软件在一定运行周期内,软件的出错概率小、性能劣化趋势低等。四是系统的安全性。大数据分析往往需要多类数据相互参考,因此大数据的广泛应用也催生出一些新的、需要考虑的安全性问题。档案信息作为一种特殊的信息资源,有自己的安全标准和保密性需求,这在系统建设和使用中是必须遵从的,在系统建设时要特别注意。

再次,充分利用大数据优势,加快数字档案馆建设。大数据环境为数字档案馆的更好建设提供了机遇,在建设过程中,一是要充分认清档案信息建设工作的特点及原则,做好整体规划。二是合理调整馆藏结构。充实数字档案馆藏,加快馆藏档案信息数字化。三是加强各地区联络,做好经验交流和数据共享。四是相关部门要借助大数据的优势,做好统计分析,使得我国的档案信息资源能够被有效地整合,以达到档案信息资源有效共享的目的。

最后,信息化是一场技术革命。它使档案载体、档案工作、档案利用等方面都发生了巨大改变,引起了档案管理的深刻变革。档案信息化是信息社会档案管理工作发展之必然趋势。而大数据是信息化时代的"石油",在信息化的过程中,档案界要始终保持对信息技术的高度敏感,及时追踪新技术发展趋势,在做精业务的基础上,将两者整体结合起来,使档案信息化建设工作能够有效进行,以实现档案信息资源的社会共享。

当今时代是信息化迅速发展的时代,信息是当今社会发展的不可或缺的战略资源。近年来,随着互联网和物联网技术在我国的快速发展和广泛应用,不同作用的海量信息衍生出大量的数据。最终促使人们进入信息量暴增的大数据时代。自从大数据的理念被提出后,我国档案部门迅速掀起了研究大数据的热潮,大数据、档案信息、大数据档案等概念在学术界反复地出现。那么,大数据时代应如何应对档案信息化管理工作呢?

（一）筑牢档案管理基础

为了更好地做好档案管理的基础工作，各单位要加强单位内部各类档案搜集的沟通协作，管理部门之间要加强档案管理的沟通协作。各单位要对档案员进行严格规范和约束，督促其切实履行好职责，高标准做好档案管理工作，例如，档案搜集、分类、鉴定、整理等工作，同时，各单位也要增强档案员的服务意识，提升其服务水平。在高度重视的前提下，各单位还要对其进行有效的、全方位的监管，确保档案管理工作的准确性、全面性、及时性。

此外，档案管理部门应加强与单位内部其他部门之间的沟通与协调，及时准确地将搜集整理好的档案资料提供给单位内部所需要的部门，为其业务工作或制定工作目标提供参考，充分发挥档案在业务工作中的基础性作用。

（二）加快数字档案建设

数字档案建设是我国高校档案信息化发展的重要途径，因此，高校应积极加快数字档案建设，调整档案结构，丰富数字档案资源，进而构建数字档案信息数据库，实现资源共享。同时，高校应积极搜集学校的数字档案，积极利用信息技术开展信息化档案开发工作，丰富档案馆藏资源。

另外，高校在构建数字档案的过程中应对数字档案进行分类整理，使数字档案富有地方档案的特色，能够适应当地经济和文化的发展，从而使高校档案积极地为当地经济发展服务。

（三）创新档案管理制度

各单位档案管理部门要结合本单位实际情况和大数据时代背景，进一步完善现有的管理机制，不断创新档案管理制度；要及时制定适应信息化建设的各项档案管理制度，进一步完善档案管理业务流程及技术规范，以确保电子文件和电子档案的安全性与完整性；同时，要进一步统一档案整理、统计、服务等管理标准，切实实现档案资源共享，使档案管理更加标准化、规范化。

（四）健全档案管理机制

高校档案管理信息化建设是一个长期的系统性的工作，为了保证建设工作的有序推进，需要建立健全相关管理机制。高校应当根据实际情况，制定档案管理信息化建设的相关制度，明确好各单位的具体职责，同时制定完善的激励机制，以更好地调动相关人员的工作积极性。

（五）制定数据管理体系

大数据时代，任何一个单位都要面对海量数据，而且数据的格式是多种类型的，如果没有一个统一的数据管理体系，很难做好数据的采集、利用工作。因此，档案管理部门要着眼于大数据时代档案工作的发展需要，积极与信息化统筹部门合作，制定各种数据的管理标准，对各行业产生的数据进行规范，确定数据的种类，构建数据检索系统，为大数据时代的档案管理打好基础。

在大数据时代的发展背景下，档案资料信息化管理已成为时代发展的必然趋势。各单位要客观分析大数据时代给档案工作带来的机遇和挑战，同时，要针对档案工作面临的问题认真查找改进措施。只有这样，才能够把"死档案"变成"活资源"，更好地为经济发展和现代化建设服务，进而真正发挥其以史资政、服务大局的作用。也只有这样，档案管理工作才能更加规范化、专业化、信息化，档案事业才能与时俱进，发挥更大作用，做出更大贡献。

（六）积极开展人才培养工作

要实现高校档案信息化建设发展目标，就要从及时更新管理方法与设备等方面入手，做好各个环节的优化管理，保证档案管理的及时性与先进性，完善管理步骤与环节。进行信息化建设，能更好地进行档案信息管理，同时也可以提高高校的管理能力，确保工作人员能掌握专业化技术与要求。高校只有发挥出档案信息化建设优势，才能促进高校健康发展。

高校要从管理人员角度出发，确保其能及时掌握先进管理思想，全面落实工作职责与要求，鼓励其学习先进技术与积极参与管理工作。高校要组织现有人员进行培训，帮助工作人员掌握信息化管理的要点与重点，通过不断地训练与学习成为专业管理人才。高校应提升对管理人员工作的关注度，帮助工作人员集中精力进行档案管理，解决工作中存在的问题。

（七）抓好电子档案归档工作

做好档案管理的基础工作的同时，高校必须做好以下三点。一是要做好现阶段电子档案归档系统与办公系统的融合工作，加强电子公文流转系统的全程控制，按照公文起草、签发、拟办的过程存储形成的电子档案，确保公文类电子档案内容齐全。专业类电子档案应由国家档案相关部门，分门别类制定档案管理标准，确保专业类电子档案的系统配置、标准规范尽快落实。二是要制订档案数字化计划，着眼未来档案工作发展需要，制订符合实际的档案数字化计划，并按照有关技术规范统一数据标准。三是要瞄准大数据时代电子档案归档工作的需要,研究数据资源采集、管理、发布、分析、利用的数据平台模型,从而满足电子档案归档及管理的需要。

(八) 强化档案干部队伍建设

大数据时代,高校要全面提升档案工作人员的综合素质,使其不仅要有熟练的计算机基础,掌握计算机系统和网络安全防护知识,以确保档案资料的完整性和安全性,还要有深厚的档案专业知识。为此,各单位应该注重培养可以服务于网络开发和数据分析的人才,以及服务于系统设计与分析的人才;要重用严管档案工作人员,建立科学的档案管理工作用人晋升提拔机制,积极引进高学历、高素质人才,不断优化档案管理队伍,确保队伍稳定有力。

高校要定期对档案工作人员进行有针对性的专业培训,如继续教育、专业学历教育、学历培训等,确保档案工作人员持证上岗,切实承担起对档案的保护管理责任。档案工作人员要加强学习,坚持接受信息化技能、档案专业知识及管理工作等方面的培训。高校应培养档案工作人员良好的工作作风和创新意识,不断提高档案工作人员的政治素质、业务素质和管理水平,建立复合型档案管理队伍。

(九) 加强档案管理安全防护

在大数据时代下,网络安全问题时有发生。随着网络攻击事件的增多,高校在档案信息化管理中要保持高度警惕,加强对管理人员进行网络安全与信息技术的专业提升,对现有软件设备进行维护与升级,加强对重要档案的权限管理。用户要通过个人账户与密码设置才能够对档案进行查阅,这样可提升数字化档案的安全性能。高校应通过严谨的档案管理系统来避免档案信息泄露。

(十) 加强档案管理软硬件建设

各单位要切实加强档案管理的软硬件建设,为档案信息化管理提供新载体。具体要做到以下几点:第一,加大对档案管理工作基础设施投入的力度,对现有基础设施加以升级或更换,确保其能够满足档案管理信息化建设需要;第二,加大对现有档案管理工作人员培训的力度,通过外派学习、视频教学、网络会议等多种手段对档案工作人员进行专业化、信息化及服务意识等方面的培训,全面提升其综合素质;第三,要适当提高档案工作人员的任用门槛,积极引进专业化、高素质人才,聘用更多经过专业培训的档案工作人员,以便对现有档案工作进行信息化管理方向的创新和转变。

（十一）树立正确的档案信息化观念

1. 提高对高校档案管理信息化重要性的认识

高校要真正按照高校档案管理校长负责制的要求，把档案管理工作放在学校发展和管理的重要位置上来，要通过学习上级精神、档案管理法规等真正重视档案管理工作。作为学校的领导，尤其是分管领导，要对档案管理信息化建设有着清晰的认识，要目光长远，思路清晰，并采取积极的政策措施提高档案工作人员的管理意识。领导要带头学习有关档案管理的法律法规，学习上级档案管理部门对档案管理信息化的文件要求，组织全体档案工作人员开展档案管理信息化大讨论，结合工作实际，进行专题研究，厘清发展思路，不断提高档案管理人员对档案管理信息化工作重要性的认识，创新管理观念。高校要引导档案工作人员采取积极主动的态度去管理档案，主动地把档案工作重点与学校中心工作结合起来，为教学、科研服务，发挥档案的价值和作用，切实把信息化建设作为一项工作去落实。在设备配备上，高校要从实际出发，在充分利用现有设备的基础上，适当购置适合的先进设备。档案检索的自动化和档案传递的网络化，需要计算机、扫描仪、刻录机、数码相机、移动硬盘、通信线路等硬件设备，高校应真正体现出对档案管理的重视和支持。

2. 转变高校档案信息化管理理念

随着科学技术的发展和互联网技术的更新，办公自动化已经成为新时代的标志。档案管理信息系统是新时代档案管理的新手段，传统的纸质档案部分将逐步退出历史舞台。现代化的档案管理办法将更加高效、便捷，有利于档案工作人员从繁杂的纸质档案管理中解脱出来。

（十二）加强档案信息化法制建设

我国政府应重视高校档案信息化发展的重要性，并积极进行档案信息化法制建设，制定相关规章制度对高校档案信息化发展进行规范，推动高校档案信息化发展。我国应积极完善档案信息化发展标准体系，积极宣传我国档案信息化发展的标准规范，制定档案信息化发展的实施办法，重点解决档案信息化发展中容易出现的问题，为高校档案信息化发展提供法律保障。

（十三）加强档案管理系统的研发

高校应确保档案信息化建设所使用的操作系统具有良好的网络稳定性，使其能够满足高校对于档案管理工作的实际需要。因此，操作系统建设需要同高校的实际环境与工作性质进行有效结合，高校应重点关注档案管理操作系统的安全性能、保密性能、容错性能以及运行的速度等方面的问题。

不仅如此，高校还需要确保操作系统具有较强的生命力，能够在未来适应高校对档案管理需求的升级。操作系统不仅要能够与高校的校园网络进行有效连接，还要能够实现与更大范围的计算机网络的有效连接。

与此同时，高校档案数据信息标准化建设也是信息化建设的重要方面，标准化的程度越高，高校信息化建设的智能化程度也就越高。高校信息化建设能够显著地提升员工的工作效率，进而最大限度地减少不必要的人力以及财力支出。

（十四）电子政务与档案信息化建设相结合

高校的档案信息化建设应积极与电子政务相结合。这是因为，高校档案信息是开展电子政务的重要信息支撑，对电子政务的开展有着重要意义。

高校应将电子档案放在社会发展的环境中，对学校档案进行社会化思考，使高校的电子档案真正参与高校的电子政务建设，为电子政务的发展提供信息基础。同时，高校应充分重视电子档案在电子政务中的作用，将高校档案信息化建设与政府自动办公相结合，争取政府信息部门的支持，加强高校电子档案与政府电子政务的联系，充分发挥高校档案的作用，促进电子政务的发展。

第三节　大数据环境下高校学生管理信息化建设

一、高校学生管理信息化概述

（一）高校学生管理信息化的构成

作为管理领域的信息化，高校学生管理信息化同样包括信息网络、信息资源、信息技术应用、信息化人才、信息化产业和信息化政策法规等六大要素。这六个要素是一个有机整体，构成了整个高校学生管理信息化体系。

1. 信息网络

信息网络是高校学生管理信息化建设的重要内容，也是实现学生管理信息化的物质基础和先决条件。目前，我国很多高校都提出"数字化校园"建设构想，并付诸行动，校园网络建设得到快速发展，几乎所有的高校都拥有自己的校园网络。高校的各级管理部门大多实现了网上办公并积极建设自己的管理网站。同时，高校为学生上网提供了各种各样的便利条件，加大了建设学生计算机中心、网络实验室的力度，加强了学生宿舍局域网的建设。这些基础设施的建设为高校学生管理信息化奠定了坚实的基础。

2. 信息资源

学生管理信息资源是应用于高校学生管理的各种信息资源。它的有效开发和利用是高校学生信息化管理的核心，也是高校学生信息化管理成败的关键所在。

学生管理信息资源可分为以高校学生管理信息为核心的学生管理软件资源和以学生管理信息系统中的基础数据为核心的学生信息资源。其中，学生管理软件资源主要包括以多媒体素材为基础的多媒体信息资源和以学生管理信息资源的生成、处理、分析、决策、利用为基础的各种工具资源和互联网资源；学生信息资源指为实现现代学生管理而建立的以被管理者、管理内容、管理资源及其支持服务体系为主要内容的各类数据库资源。

3. 信息技术应用

信息技术在高校学生管理中的应用是高校学生管理信息化建设的根本出发点和主要目的。有了信息网络和信息资源这些基础条件之后，信息技术的应用成为高校学生管理信息化建设的主角。可以说，学生信息化管理的效益主要体现在信息技术的应用这一环节。

在信息技术应用方面高校应主要做好四件事：一是做好与思想理论、方法密切相关的建设，它决定信息技术在学生管理方面应用的方向，直接关系到信息技术管理应用的质量和效果；二是建立与当地学生管理信息化环境、教育管理对象及教育管理内容相适应的信息化学生管理模式；三是必须提高管理者及受管理者应用信息技术的兴趣和基本技能；四是在不同层次上开展信息技术与高校学生管理整合的理念研究和实践，并将其作为学校信息技术管理应用的主要任务。

4. 信息化人才

高校学生信息化管理，人才要先行。为了实现高校学生信息化管理，高校需要培养大量掌握信息技术基本知识，具有先进的学生管理理念以及具备信息技术应用能力的学生信息化管理人才。

作为高等教育行业某一领域的信息化管理人才有两种含义：一是通识型学生

信息化管理人才,这是对在高校中从事各种学生教育、管理、服务等工作的各类人员而言的,是对该领域全体工作人员信息技术知识、能力和素质的共同要求;二是专业型高等教育学生信息化管理人才,主要指专门从事学生信息化管理物化形态技术和智能形态技术的研究与开发工作的专业人才。

一般来说,对通识型高校学生信息化管理人才的要求是应具备基本的获取、分析和加工信息的能力;对专业人才的要求更高,专业人才分工更细,可以是高级软件人才、网络工程师等。

5. 信息化产业

信息技术指对信息的采集、加工、储存、交流、应用的手段和方法的体系。它的内涵包括两个方面:手段和方法。手段即各种信息媒体,如印刷媒体、电子媒体、计算机网络等,是一种物化形态的技术;方法即运用各种信息媒体对各种信息进行采集、加工、储存、交流、应用的办法,是一种智能形态的技术。信息技术就是由信息媒体和信息媒体的应用方法两个要素组成的。信息技术的核心是信息的数字化、信息传播的网络化。信息技术是高校学生信息化管理的技术支持,是学生信息化管理的驱动力。

在高校学生信息化管理过程中开展信息技术研究不仅可以丰富高校学生管理信息化的研究内容,更重要的是可以将新的、更加有效的物化形态的技术和智能形态的技术应用于信息化学生管理中,提高学生信息化管理的效果和水平。

信息技术产业主要指信息技术设备制造业和信息技术服务业。由于信息技术设备制造业的发展需要强大的技术和资金支持,因此,在我国高校学生信息管理进程中,信息技术产业的发展应由不同的社会部门分工协作来实现。其中学生管理信息技术产品的制造应动员学生管理部门、科研院所和相关企业等互补性较强的部门共同参与,以便将学校从学生管理信息技术产品的开发中解脱出来,集中精力和优势资源做好以学生管理信息资源的开发、利用为主的信息技术服务。

6. 信息化政策法规

高校学生信息化管理是一项系统工程,为确保高校学生管理信息化工作的顺利进行,高校及相关部门必须针对学生管理信息网络建设、学生管理信息资源开发、学生管理信息技术应用、学生管理信息化人才培养、学生管理信息产业发展等各个方面制定一系列政策法规,以规范和协调各要素之间的关系,这既是高校学生管理信息化发展的重要条件和有力保障,也是开展高校学生管理信息化工作的依据和蓝图。只有这样，才能使高校学生管理规范化、秩序化，推动高校学生信息管理健康顺利地向前发展。

（二）高校学生管理信息化的特点

1. 先进性

信息技术的发展促使学生管理工作也在不断完善，高校应依托信息技术改革学生管理模式，实现对学生的全方位管理。在科技迅猛发展的背景下，学生频繁地接触互联网不可避免地会受到新思想的影响，加强学生管理信息化建设，符合时代发展需求，具有一定的先进性。

2. 实时性

信息化的学生管理能够借助信息化系统整合分析零碎的学生数据，实现对学生基本信息的实时把控，增强学生管理工作的时效性。

3. 空间性

信息化平台的建立使学生和教师能够在不同空间内查询自己所需的各种信息，摆脱了空间的束缚，从而使学生管理工作更加方便高效。

4. 多样性

在学生管理信息化背景下，教师可根据学生的兴趣爱好，制定个性化、合理化、科学化的教育方案，促进学生的全面发展。此外，教师可以借助信息化技术综合分析学生课堂参与、课业完成等方面的数据，提出行之有效的学习建议。学生遇到难以解决的问题时，可以通过电子邮件、微信视频等方式与教师进行沟通。

5. 高效性

在学生管理工作中应用信息化平台，管理人员可以同时处理多个请求，不仅缩短了流程，还提高了工作的效率。

二、大数据环境下高校学生管理工作存在的问题

（一）思想认识不足

一些高校的学生管理者对信息化建设和管理在思想认识和行动上存在不足之处，如对网络和信息化了解较少，对大数据认识不足。部分管理者已经习惯了用传统的手段进行管理，如采用手写的方式、与学生面对面交流的方式，这些都不符合信息化建设的要求。还有一些管理者虽然对信息化管理的认识较全面，但

由于自身的计算机操作水平较低，因此不能灵活运用现代信息技术。

（二）数据利用率较低

在大数据时代学校每天要处理的信息的数量较大，而多数数据信息是无用的，这就需要高校对数据信息进行处理，从中检索出有效信息，将无效信息剔除。由于高校部门众多，信息管理相对分散，因此数据利用效率相对较低。

例如，在高校学生信息管理工作中，党委组织部主要管理的是学生入党方面的信息，包括入党材料、入党培训、入党考核等内容；而校团委主要管理的是高校学生团组织关系方面的信息；助学贷款部门主要管理的是学生助学金、助学贷款等方面的数据信息。这些部门之间缺乏信息共享，导致现有数据信息难以得到有效利用。

（三）大数据应用准备不足

当前，高等学校已普遍认识到学生管理信息化建设的重要性，并开始筹划将大数据技术应用于学生管理中。但目前大数据技术在学生管理工作中应用较少，相关工作多处于理论研究阶段，这造成了高校对大数据管理系统建设的准备工作不足、行动力较差等问题，使得学生管理工作的信息化系统建设较为迟缓。

对于学生管理工作信息化系统高校大都委托第三方开发或直接购买软件。由于相关软件的研发极少有学生管理部门参与，因此高校很难结合工作实际需求建设大数据管理系统。高校从事学生管理工作的专业教师大多不具备应用信息化技术的能力，一些年长的教师不能较好地运用大数据管理平台进行学生管理，难以适应信息化环境下的学生管理工作要求，因此工作开展的实效性较低。

（四）数据信息处理的难度大

在当前高校学生管理工作中，整个系统的信息化水平相对较低，这就影响了整体的工作效率。一些高校自身的技术研发团队不完整，高校多是购买或委托第三方开发学生管理信息系统，这样只能实现部分工作的自动化和信息化，在系统中可以完成学生评优申报、学生综合素质测评等日常工作，但整个信息系统中的子系统信息融合度较低。

（五）信息化能力不足

高校学生管理工作主要是对学生的基础信息进行处理分析。在原有的工作模式下，高校主要是利用人工完成数据信息的收集、统计和处理等工作的，效率较低、时效性差。近些年随着教育教学改革的推进，高校也逐渐建立起自身的学生管理系统，管理者不再需要进行重复、程序化的劳动，可借助信息化和大数据技术有针对性地开展工作。但是在具体的执行过程中，高校学生管理工作者存在对信息化的认识不足、对系统功能不熟悉等问题，且不愿意主动学习相关操作，从而导致无法真正发挥信息化管理系统的价值和作用。

（六）信息化建设管理机制缺乏

高校学生管理工作要长期稳定发展，就要适应当前时代发展的潮流，重视信息化的建设。但是当前很多高校将工作重点都放在了教学质量的提升方面，忽视了学生管理工作的信息化建设，缺乏科学完善的管理机制，从而影响高校学生管理信息化体系的建设。同时，管理和检查不到位等影响了信息的科学应用，大数据所发挥的作用并没有得到很好的体现，导致信息化建设流于形式。

（七）管理思想与时代发展需要不符

随着信息技术的不断发展，虽然大部分学校已经建设了适合自身发展需要的管理信息化系统，但是，其在管理思想上并没有跟上时代发展的需要，学生管理工作缺乏信息化的意识和想法。部分负责学生管理工作的教师及辅导员并没有积极地调整自己的心态，在管理工作中融入信息化的概念。他们在学生管理信息化建设中缺乏理性的认识，使得高校学生管理系统实现了信息化，但是在实际工作中，并没有真正地实现管理信息化。

（八）学生管理者缺乏大数据专业知识

目前，我国高校中学生管理者的大数据专业知识较为匮乏，对大数据的具体作用了解不深，对大数据的系统性认识不到位，对系统的实际操作经验不足，面对海量的学生数据信息无从下手，数据处理的质量和效率较低。学生管理者掌握大数据的专业知识的程度影响着高校学生管理信息化的程度。在这种情况下，学生的信息化体系无法有效建立，并且难以有效支撑大数据功能的发挥，这成为目前高校学生管理信息化建设的最大障碍。

（九）学生管理方式老旧，信息化程度低

现在由于信息技术的影响，虽然许多高校已经建设了信息化管理系统，但是在学生档案、学籍信息、学生党团资料、奖助学金记录等工作中，高校出于多方面原因的考虑还是以传统的纸质版加文件夹的方法保存相关的档案。传统的纸质

文件不但在保存时占据着大量的办公空间，而且容易丢失和损毁，这会影响相关工作的正常开展，对于学生管理信息化建设也是极为不利的。

（十）大数据时代增加了学生管理工作的难度

互联网背景下，学生的思想发生了很大变化，高校在引导学生学习专业知识的同时，还要关注学生的思想。学生在网络环境影响下，自身原本的思想意识会受到侵蚀，一些不良思想的入侵会改变其原有的价值观，这也增加了高校学生管理工作的难度。

此外，随着互联网的普及，高校学生管理工作的开放性越来越明显，信息的传播速度越来越快，高校学生管理工作除了内部监督，还有来自社会的监督，其关注度越来越高。

三、高校学生管理信息化中大数据的积极作用

（一）有助于高校学生管理信息化深度的提升

当前的时代是知识经济时代，各行各业的发展离开科学技术就无法取得发展，高校也一样，要想实现长远持续发展，必须紧跟时代步伐，积极进行管理创新。将大数据技术引入学生管理中，高校就能够借助大数据技术详细分析学生的实际情况，并结合各项数据信息推断学生的偏好、思想特点等，如此就能够更好地开展学生工作，促使学生管理信息化建设更为科学，提升信息化管理的深度。同时，在大数据技术的作用下，高校还可以掌握更为全面的信息，将学生的发展情况与自身的管理模式相匹配，明确管理中存在的缺陷和不足，从而积极进行管理的改革和优化，这对于学生管理而言是十分有利的。

（二）有助于学生管理工作效率的提升

高校学生管理工作信息量大、数据多，需要准确高效的管理技术作为支撑。大数据技术的应用可以满足高校简化管理流程、提高管理效率的需求，使学生管理过程中的信息完善、部门信息共享、信息交换的能力大大提高，从而为高校教育的发展、高校教师掌握学生动态、大学生学习就业提供强有力的保障。这种高效率的管理方式使学生管理多元化、个性化有了无限可能。

（三）有助于高校信息化建设的有力进行

目前，信息化已经成了各行各业发展的重要方向，很多高校也逐渐开始向信

息化方向迈进，从各个环节入手加强信息化建设。而在学生管理工作中引入大数据技术，则能够使学生管理具有更强的信息化特征，这有利于高校信息化建设。并且，利用大数据技术还可以对各种信息进行重组，大数据技术可为管理者更好地做决策提供数据支持，帮助管理者有针对性地进行引导管理、分析管理、定位管理等，这对于学生管理工作效率的提升是十分有益的。

（四）有助于教学评价的多元化

在进行奖学金评选、优团优干评选以及优秀毕业生评选等评优工作时，高校应充分发挥大数据的优势对学生进行多维度的考核。高校可通过对学生上课出勤、发言、作业质量、社团活动、课外竞赛等方面的大数据进行分析，在充分掌握大学生学习态度、实践能力、探索精神、人际关系及意志品质等各方面情况的基础上，给予大学生客观公正的评价。另外，高校还应充分运用大数据技术进行大学生内在元素的挖掘，只有这样才能在确保大学生适应社会发展需要的同时，促进高校人才培养质量和效率的全面提升。

（五）有助于学生管理工作系统化与精准化的实现

大学生管理的工作量大，流程多而复杂，许多环节交错在一起，传统的管理方式很难面面俱到，更不能实现管理的精细化和完善化。运用大数据信息技术后，学生管理逐渐走向系统化、精细化、标准化和精确化，各项管理工作能够相互配合、环环相扣。同时，有了大数据信息技术的保障，信息发布、档案完善、就业指导、实践锻炼、能力突破等具有更强的针对性、目的性和及时性，从而促使高校学生管理最终走向系统化与精准化。

（六）有助于加强就业信息管理，提升学生就业质量

就业信息管理也是高校管理的重要内容，分析就业信息有利于了解学校教学质量，把握学生就业状况，这样高校不仅能够为学生就业提供指导，还能够根据就业率适当调整教学活动和招生计划。传统背景下，就业指导主要以纸质数据为依据，搜集、整理工作相对烦琐，而且难以实现数据的规范化、标准化整理，数据统计难度高，大多数毕业生的就业信息无法得到有效统计，更难以作为学生就业指导、高校招生的依据。大数据解决了传统数据处理的弊端，利用网络信息技术，可以让学生自行提交相关就业信息，大数据技术则可以实现对这些数据的智能化处理，高校管理层直接对数据进行分析、评估，这样能够极大地提高就业指导效率，实现高校学生就业质量的提升。

四、大数据环境下高校学生管理信息化建设的路径

（一）扩展信息化功能

高校在大数据背景下进行学生管理信息化建设时，必须遵循顶层设计原则，制定统一标准来进行建设、规划、管理、投入等，对学生需求特点进行综合考虑，继而完善学生综合管理系统，提高事务流程的信息化程度。当然，在建设过程中，需要重视普适性、系统性和科学性，积极解决学生管理信息化建设中的数据处理难和信息孤岛等问题，提高信息的安全性，采取运行监督及行政管理的方式，有效维护师生的合法权益。

另外，高校可以引导管理者树立信息化的意识，要求其能熟练运用管理信息化系统。管理者利用管理信息化系统进行学生日常事务管理和思想政治教育工作，可不断积累工作经验，提高信息素养。

（二）做好人才引进工作

在大数据背景下要想推动高校学生管理工作信息化建设的有力进行，就要做好人才的引进工作，只有高水平与高技能的人才才能够为学生管理工作信息化提供更大的助推力。第一，高校要对自身的教职工进行培训，帮助其掌握更多的大数据技术，鼓励他们学习专业的信息化知识，以便其能够更好地融入学生管理信息化建设中；第二，高校在引进教职工的时候要做好全面性考核工作，尽量引进信息化能力高的教职工，充实自身的教职工队伍，为学生管理信息化建设助力。

（三）强化引导与宣传

在大数据背景下，学生可以借助信息平台了解不同的文化及意识形态，继而形成自己的世界观、人生观、价值观。

高校管理者在开展学生管理工作时，必须加强引导与宣传，利用信息平台进行思想政治教育和道德教育，使学生积极践行社会主义核心价值观。同时管理者可以利用新媒体和移动技术等，对学生的思想动态加以了解，及时回应学生关心的话题；或者是利用即时通信软件，加强与学生的交流，引导学生理性思考问题。

（四）认真做好评估与监督工作

高校学生管理工作属于一项系统化的工作，信息化建设更具有较大的复杂性，为了确保各个环节都可以得到良好发展，对学生管理信息化建设的具体情况进行清晰了解，就应当做好评估与监督工作，积极找出工作中遇到的问题，并尽

早解决。为此，高校可以针对这一工作成立专门的监督与评估部门，根据学校的实际情况制定对应的评估和监督措施，及时开展对应的监督与评估工作，对学生进行可视化和量化管理，推动管理工作良好地进行。

具体来看，在进行评估与监督的时候可以引入大数据技术，如可以利用大数据技术对学生管理信息化的建设过程进行跟踪，预测每一个环节可能产生的后果、带来的影响等。这样能提升学生管理信息化建设的水平，为大数据技术的有效运用提供较好的环境。

（五）树立以学生为本的理念

基于大数据时代的学生管理工作，需要管理者树立以学生为本的理念，提升对学生主体地位的理解和认识。管理者应树立人本化的管理思想，根据学生学习需求，从学生的角度来分析信息化建设的问题和不足，这样才能达到有效解决学生管理问题的目标。在坚持以学生为本的过程中，高校需要提高学生的基本信息化素养水平，强化学生对于高校信息化建设的重视，帮助学生筛选适合的网络信息和学习内容，防止学生受到不良网络信息的影响，提高学生对于信息化建设和管理工作的认同感。

在人本化管理工作中，高校还要经常性地组织网络教育活动，不断将高校最新的信息化建设和网络化学生管理工作的内容融入学生的日常学习中，引导学生正确认识信息化管理的制度和方法，以及信息化管理工作的便利性特点，从而保障教学质量和管理水平的提升，实现校园文化和学生管理工作的同步建设与发展。高校可以利用校园网开展学生视频会议讲座，提高学生信息化沟通和网络技术运用的能力。

（六）合理完善信息技术功能

高校可以利用大数据挖掘技术综合和客观地了解学生的实际需求和发展特征，还要根据学生的学习实际情况与就业压力，创新管理制度，防止单一和落后的管理制度给学生带来束缚感，营造自由轻松以及愉快的管理氛围。在进行信息技术功能的创新中，可以提高信息化建设的系统性，解决学生管理模式单一和信息孤岛的问题，发挥信息化建设的整体性作用，提升信息化建设和管理的水平。

为有效解决大数据环境下数据挖掘困难和处理困难等问题，高校需要在学生管理的过程中，提升对信息安全问题的重视度，结合最新的信息技术和手段提高校园网络的安保等级。高校应让专业人员监督与负责学生管理工作，有效开展学生管理中的信息安全工作，防止出现黑客入侵的现象，影响学生信息管理工作的有效进行。为防止信息泄密等问题发生，高校需要做好技术创新等工作，加大软件和硬件设施的投入力度，引导管理人员正确使用信息操作系统和信息技术，加强对宝贵工作经验的积累，这样管理人员才能更好地参与学生管理的信息化建设，促使学生管理工作更加高效。

（七）不断完善大数据应用体系

根据目前对我国高校学生管理工作进行的大量实际调查研究能够发现，其面临的最大问题就是大数据应用体系的不完善。这不仅会导致信息化技术的作用和价值无法在高校学生管理工作中得到充分发挥，而且使得相关数据的利用效率难以得到提高。为了有效解决这个问题，高校应该对大数据应用体系的有效建立予以足够的重视，采取多元化的有效措施使相关应用体系发挥应有的作用。

第一，高校在开展学生管理工作的过程中，首先要对大数据管理体系予以正确的认识和重视，通过借鉴大数据技术在其他行业中的应用，尽可能地规避发展中的误区。与此同时，高校还要结合自身实际发展情况以及学生实际发展需求，在确保学生和高校需求得到有效满足的同时，不断加强学生管理信息化建设。

第二，对于高校学生管理工作人员而言，由于相关工作非常烦琐复杂，涉及的内容较多，因此在建设学生管理信息化体系的过程中，各项工作的开展不可急于求成，必须一步一个脚印，稳扎实打。高校学生管理工作人员要具备在实际工作中及时发现问题、解决问题的能力，这有利于加快高校学生管理信息化系统的升级和优化。

（八）构建"大数据大学生平台"

随着大数据应用范围的增加，大数据的科学价值和社会价值得到了明显提升。高校在学生管理信息化建设过程中，需要提高管理人员对信息数据的敏感程度，使管理人员能够对数据进行认真处理和分析。

例如，某高校在学生管理中引入大数据技术，利用"学生画像"系统，将学生书籍借阅时间和种类、进出图书馆次数以及休息时间等数据输入其中，对学生的学习和生活状态进行计算，从而推算出学生成绩不及格的概率。另外，高校还可以对学生的上网习惯进行分析，依据学生特定兴趣点开展活动，以此来提升学生的学习兴趣和个人素质。

（九）充分借助大数据研究成果

当前，大数据技术在社会多个领域得到了广泛的应用，具有较大的社会应用价值，对高校学生管理工作来讲，管理人员要重视信息化建设，重视培养对数据信息的敏感性，主动收集和整理数据。很多高校在大数据技术的应用中都有了新的尝试，并取得了一定的成效，如"学生画像系统"的研发，该系统能分析学生出入宿舍的时间、进出图书馆的次数、查阅的书籍和资料的种类等数据信息与学生实际行为的相关性，从而分析学生的学习和生活实际状态，自动预测出学生是否有挂科的风险，并将挂科可能性较高的学生信息发送给教师，让教师提前进行干预和引导，提升学生的学习成绩。

此外，该系统还能通过对学生上网情况的分析，了解学生的兴趣和关注点，结合校园卡的消费记录，查找隐性困难的学生，有针对性地对其进行资助；通过校园内部交流论坛跟踪、了解学生的思想动态，针对一些热点事件，及时对学生进行思想引导和舆论引导，使其树立正确的世界观和价值观。

（十）利用信息化平台实现家校联系

学生的健康成长离不开社会、学校和家庭的共同努力，因此高校在开展学生管理工作时，必须重视家庭教育的重要作用。高校可利用网络平台与学生家长进行交流和沟通，让家长能及时了解学生的情况。如构建家长交流的QQ群或微信群，让家长与家长或辅导员之间能相互交流，而学校也能结合家长对平台的关注来了解家长对孩子的关注程度，实现家校之间的有效联系。

同时，第二课堂作为高校教育中的重要组成部分，离不开信息化平台的支持，因此高校可以利用网络平台开展文化活动，如举办大学生微电影大赛、办公软件应用大赛、网络评论大赛等。这有利于丰富校园文化，提高学生的综合素质与信息化水平。

（十一）提高管理人员的专业能力和职业素养

对于高校学生管理工作人员而言，要想提高自身的素质，确保最终的管理效果达到令人满意的程度，不仅要具备获取有效的信息数据的能力，还要具备对信息数据进行有效整合和处理的意识与能力。这既是一个巨大的挑战，也是一个良好的机遇。

根据目前对我国高校学生管理工作人员展开的大量实际调查研究能够发现，在管理工作岗位中，能够熟练操作信息化软件并且真正精通信息化技术的人员数量较少。一部分教师由于思想观念和年龄等客观因素的影响，在对学生进行管理的过程中很难将信息化技术的优势充分发挥出来，从而使得高校学生管理工作的效率难以提高。为了解决这个问题，高校要对从事学生管理工作的人员进行定期培训，使其具有的专业能力和职业素养得到全面提高，从而有效提高学生管理工作效率。

与此同时，相关管理人员还要对学生管理信息化建设的方式方法进行全面探索，尽可能地将传统被动式的管理思路转变为主动式的管理思路。在此基础上，采取多元化的有效措施能够充分发挥信息化技术的作用和价值，使学生管理工作得到全方位开展的同时，进一步提高高校学生管理信息化的水平。

第六章　大数据环境下智慧校园信息化建设

随着大数据技术的迅猛发展，其在智慧校园信息化建设中发挥着越来越重要的作用。以大数据技术为重要力量推动智慧校园信息化建设，对提高校园信息化管理水平具有重要的意义。

第一节　教育大数据与智慧校园

一、数字化校园与智慧校园

（一）数字化校园的概念

数字化校园指的是利用计算机技术和网络技术，将学校包括教学、科研、管理、服务等在内的信息资源数字化，并采用数字化的信息管理方式和沟通传播方式，从而使数字资源得到充分优化利用的一种虚拟教育环境。学校通过实现从环境、资源到应用的全部数字化，在传统校园基础上构建一个数字空间，以拓展现实校园的时间和空间维度，提升传统校园的运行效率，扩展传统校园的业务功能，最终实现教育过程的全面信息化，从而达到提高管理水平和工作效率的目的。

数字化校园按照教育阶段的不同可以分为高校数字化校园、中等教育数字化校园、基础教育数字化校园和职业教育数字化校园。每个教育阶段有不同的特点，各教育阶段所构建的数字化教育形式也有所不同。

（二）数字化校园发展现状

数字化校园的来源要追溯到20世纪90年代。在1990年，美国学者凯尼斯·格林首次提出"数字化校园"的概念，由此打开用信息技术管理校园的大门。1998年1月31日，美国时任副总统戈尔在美国加利福尼亚州科学中心发表了题为"数字地球：21世纪认识地球"的演讲，随后"数字地球""数字城市""数字校园"等概念随互联网的深入发展应用而越来越被人们熟悉。

现代信息技术在20世纪90年代的加速发展，加快了当今世界各国数字化校园建设的进程。数字化校园建设作为跨世纪教育改革的重要内容，被世界各国纳入新一轮的教育信息化建设中。面对发达国家占据数字化校园建设制高点的现实，中等发达国家和发展中国家奋起追赶并试图超越，更使全球数字化校园建设的竞争日趋激烈。以美国为首的西方发达国家在数字化校园建设和应用方面已达到较高水平。我国很多学校特别是高校投入大量的人力、物力和财力建设数字化校园，网络基础设施、硬件环境、软件建设等各方面都得到了很大的提升。通过数字化校园建设与应用，很多学校对各种资源进行了有效的集成、整合与优化，实现了资源的共享，打破了信息孤岛，避免了数据的重复录入，能够为师生员工及校外用户提供统一的"一站式"信息服务。

数字化校园建设是学校的一项基础性、长期性和持续性的工作，是学校信息化建设和人才培养的重要组成部分，其建设水平是衡量学校整体办学水平、办学能力的重要依据。数字化校园建设在提高学校的行政管理效率、教育教学质量、科学研究水平和社会服务能力等方面都具有十分重要的意义。通过数字化校园建设，学校以期实现教育和管理过程的全面信息化。数字化校园建设使学校的教学、管理、科研与服务进入一个全新的阶段。

随着数字化校园不断深入发展，大数据、物联网、虚拟技术、云计算、人工智能、移动互联、智慧课堂、智慧教室等现代信息技术在教育领域快速发展，这极大地推动了教育信息化与信息化产业的发展。2018年4月13日，教育部印发《教育信息化2.0行动计划》，宣布我国的教育信息化进入2.0时代，这也促使教育信息化向更高级阶段和新的形态发展，即由"数字化校园"向"智慧校园"发展。

（三）智慧校园的概念

智慧校园指的是将校园中的生活、学习和工作智慧化处理，从而使教学管理、科研管理、生活管理更加高效。信息化"十二五"规划中，智慧校园的概念被提了出来，引发了各大高校的关注，智慧校园的概念给未来高校的建设提供了一个发展方向，即在互联网的基础之上，再加上物联网、大数据、云计算等技术，实现整个校园的实时互联，从而为学校的校园管理、校园文化生活、校园科研等提供强大的支持。

1. 智慧校园与传统数字校园的区别

起初，以互联网和数字化为基础的数字校园得到快速发展，在互联网以及计算机的协助下，学校内部的教学管理、科研管理以及生活管理的效率得到了大大的提高。智慧校园是数字校园的高端形态，是数字校园发展演化的目标。智慧校园是在数字校园的基础之上形成的，利用的是目前较为成熟的物联网技术、移动通信技术，乃至大数据和云计算技术。智慧校园通过对传感器等收集信息终端的布置，以及各种应用的使用，收集来自校园各个基本个体以及环境的感知数据信息，并对收集到的信息数据进行传输、储存、分析、优化，从而形成有价值的信息，再利用各种应用和终端将有价值的信息反馈到基本个体上去，从而实现校园内部物与物、人与人、人与物的互联。智慧校园实现了资源的分享利用，拓展了校园的时间和空间，为校园管理和服务提供了更加丰富的决策资源和更加便利的管理服务手段，提高了人与学校各类资源之间的交互的灵活性、明确性和实时性。

2. 智慧校园的特点

在信息化时代潮流之下，智慧校园越来越多地被提到，在智慧校园的概念中主要体现了三个核心特征。

①智慧校园提供一个全面的智能感知环境和综合信息服务平台，并且提供了基于不同角色的个性化定制服务。随着互联网的发展，世界不再是分割的个体，而是成为一个整体。"智慧地球"的概念，正是建立在互联网的基础之上的。而智慧校园如同智慧地球，也离不开无处不在的互联网。智慧校园通过布置在校园内的各种感知设备，如烟雾传感器、影像传感器、移动终端等，将校园组成一个整体，并且通过互联网实现信息的共享和传递。智慧校园在收集信息的同时，也能够将收集的信息进行优化，从而形成可供不同角色利用的信息。

②智慧校园将基于计算机网络的信息服务融入学校的各个应用与服务领域，实现互联和协作。传统的校园管理中，各个部门一般都是相对独立的，部门之间信息无法共享，协作工作很不方便。随着互联网技术的发展，目前学校可以将校园内的各个管理系统和服务系统进行互联，从而形成一个完整的网络。智慧校园的最终落脚点应该是管理和服务。为实现更有效的管理和服务，信息共享是不可避免的。只有实现了信息共享，各部门之间才能无缝对接，才能实现高效地管理和提供服务。同时，智慧校园也实现了人与人的互联、人与物的互联，这就大大提高了信息的交换和利用的效率。

③智慧校园通过智能感知环境和综合信息服务平台，为学校与外部世界提供了一个相互交流和相互感知的接口。学校并不是一个孤立存在的个体，校园生活与社会环境有着千丝万缕的联系。学校在担负着培养学生的重任的同时，也担负着特定的社会责任。同时，学生在校园中如何接触社会，科研工作者如何与社会企事业单位进行学术合作，都是智慧校园所要解决的问题。互联网将整个世界连接在一起，也包括学校。如何使学生更有效地利用社会资源，同时屏蔽掉不利因素，也将是智慧校园要考虑的问题。

（四）智慧校园的基本框架

大数据背景下的智慧校园建设更强调融合，即在人工智能技术、云技术及虚拟化技术的支持下，高校的物理空间和数字空间的充分融合。为了实现这种融合，我们需要建立以硬件设备为基础，以网络体系为通道，以数据和数据处理技术为核心，以子应用系统为依托的智慧校园信息化支撑平台，实现校园各项事务的智慧处理。

1. 基础设施层

基础设施层是智慧校园采集海量数据的基础，它以硬件设备为主，包括网络基础设施、教学环境基础设施、各种终端设备和校园服务基础设施等。智慧校园通过设备和网络格局实现对数据的采集，利用云存储等技术将不同应用模块产生的数据存储到相应的区域中，最终实现校园中人与物的全面互联互通。

2. 支撑平台层

支撑平台层是智慧校园建设的核心内容，它为智慧校园的运行提供技术支撑，主要包括统一数据交换和数据分析处理的主数据管理平台，统一身份认证、权限管理和接口服务的应用支撑平台。该层利用大数据技术将底层的数据以统计分析的方式进行整合管理，并将资源以动态的方式进行有针对性的调配，从而实现对数据的分析和共享。

3. 应用平台层

应用平台层由涉及教学、科研、管理和生活等多个方面的校园业务应用系统组成，如教务管理系统，主要功能包括教材选择和采购、专业计划和教学大纲的制定、设置课程以及安排考试等；科研管理系统，主要功能包括科研项目管理、科技成果鉴定及奖励等；学工管理系统，主要功能包括学籍管理、奖惩管理、资助管理和综合事务管理等；办公自动化系统，主要功能包括通知管理、日常行政管理、事项审批、办公资源管理等。智慧校园发挥作用的关键是通过校园各业务应用系统的使用，实现资源共享和个性化服务。

4. 应用终端

智慧校园为师生提供统一的访问入口，师生可利用个人电脑、手机或智能终端通过教工号和学号登录校园网上办事大厅，根据各自角色的不同获取一站式的、有针对性的信息资源。网上办事大厅集成了校园各业务应用系统，为全校师生提供了一个信息化综合服务环境。

5. 信息标准与规范

统一的信息标准与规范是智慧校园数据整合的基础。为保障智慧校园的有效运行，我们必须建立一套明确的数据标准和数据模型，统一数据的表达和使用过程，为数据的有序传输、清洗和转换，到最后的数据整合提供保障。

6. 信息安全保障体系

信息安全保障体系是智慧校园稳定、高效运行的重要保障，它主要应从技术和制度两个层面加强建设。在技术层面，它主要包括物理环境和基础设施安全、网络环境安全和数据安全等。其中，物理环境和基础设施安全包括场地安全、设备安全和媒介安全等；网络环境安全包括用户身份认证、访问权限控制、防非法入侵、防病毒攻击等；数据安全包括数字水印的嵌入、对关键数据的备份以及对敏感数据的加密等。在制度层面上，我们要建立安全管理制度，切实有效地保障智慧校园能够高效运行，为师生提供安全可靠的服务环境。

（五）智慧校园建设的关键技术

智慧校园建设大量使用云计算、物联网、大数据、移动互联、社交网络等技术，强调以人为本、深度融合的理念，构建支撑智慧教育发展的信息化环境。

1. 云计算

美国国家标准与技术研究院对云计算的定义："云计算是一种按使用量付费的形式，该形式供给方便快捷的网络访问，将服务器、网络、应用软件等计算机资源形成可分配的资源共享池，这些资源可被快速、弹性地提供。"

云计算是基于网络技术的一种计算技术。"云"是由成千上万台计算机群组成的。云计算根据用户需要以其独有的方式智能地提供信息、软件和硬件资源，简单便捷地实现各设备之间的数据共享。它以网络为载体，结合虚拟化技术，将存储资源管理和大量虚拟化计算整合在一起，使其构成一个庞大的资源和计算中心，统一向用户提供各种按需服务。云教室是云计算在校园中很典型的应用案例。

2. 物联网

物联网是互联网从人到物的延伸，它指的是在真实世界中安置拥有一定感知功能和信息处理功能的软件系统和嵌入式芯片，借助网络设施传输信息，实现人与物的通信。国际电信联盟阐述了物联网的四个关键技术，即射频识别技术、智能技术、纳米技术以及传感器技术。

物联网在智慧校园中的应用，主要表现在"感""传""知""控"四个层面，在教学、交通、安全、环境等方面起着重要作用。"感"，人们利用传感器技术，把模拟信号转换成数字信号，将分散在校园各个角落的设备连接起来，组成特殊的网络。人们可以使用传感器共享不同地理位置的信息，实时监控校园及周边的情况，确保校园的安全。"传"，射频识别技术是传感器技术的一种，它集嵌入式技术、无线射频技术于一体，凭借自动识别获取目标对象的相关数据。利用它可以防范火灾等危害的发生。"知"，即研究设备发现的信号和数据的处理，主要表现在智能设备的应用上。"控"，即研究设备的能耗，结合控制技术，主要应用在绿色环境校园的建设中，如智能植被浇灌系统、智能照明控制系统等。

3. 大数据

随着云计算时代的到来，数据出现了爆炸式的增长，大数据越来越受关注。在智慧校园中，随着云教育平台的建设和应用，校园的各种数据呈现出快速增长的趋势，深入挖掘和分析沉淀的海量数据，可为学校的政策制定提供科学依据，更好地为智慧管理决策服务。

大数据的五个特点：大价值、时效性、大体量、多样性、准确性。第一，大数据拥有极多附加的价值，大数据分析挖掘将带来庞大的贸易价值。第二，好多大数据需要在一定的时间内及时处置。与传统数据处置方法不同，大数据在处置过程中要尽可能降低复杂程度，要求数据处理尽量高效快速。第三，数据体量大。第四，大数据包括各种格式和形态的数据，除去结构化数据，另有巨量的非结构化数据。第五，处理的结果尽量准确。在建设智慧校园过程中运用大数据是提高信息化水平和服务质量的有用途径。

4. 移动互联

移动互联技术对智慧校园的空间限制性进行了改进，实现了无距离障碍智慧校园的建设。智慧校园应引入可运营、社交化等新的特点，并从信息服务的简捷性和便利性入手，研发小体积的应用。在智慧校园中，移动互联供应快速、广泛存在的网络，为学校师生轻松获得网络资源，以及进行网络学习和互相交流提供了必要的网络条件。

5.社交网络

社交网络相当于社会化的网络，是为人际交往而形成的网络平台。社交网络已经变成互联网向现实世界推进的主要力量，是当前信息技术发展的趋势。社交网络以其较低的社交成本、开放式的联系方式等优点成为学生展示自我、维系人际关系、表示自身诉求的首要途径。从原先的电子邮件到近几年广泛使用的微信和微博，社交网络已由一对多形式向多元化形式变更，变成最有效的学习和工作互助手段。

（六）智慧校园的建设目的

学校应在大数据的基础之上，运用云计算、物联网、射频识别、移动互联等技术，进行统一身份认证、数据中心、各业务系统融合、校园网络安全的项目建设。同时，应借助数据中心构建的数据共享平台，将各个应用系统和物联网有效地整合，实现校内学习、生活、教学管理和学校的物理设备有机地结合。智慧校园建设的目的有以下几点。

①建构大数据共享与交互平台。智慧校园应在原本数字校园基础之上，规范统一信息标准，建立一致的信息规范标准，对各个相对独立的系统数据进行集成管理，搭建大数据共享平台，实现各业务系统间的数据交换和资源共享。

②统一身份认证管理。智慧校园应使用户访问校园网的过程简单化，实现用户的登录与统一的身份认证相结合，用户只需要一次登录，就可以访问所有权限内相关的资源。

③移动智慧校园。利用移动互联网，教师可以更方便快捷地获取信息。利用移动互联网，学生可不受时间与地域的限制获取想要的知识，这样有利于充分调动学生学习的积极主动性。移动智慧校园包含了掌上校园热点门户、学分制教务管理系统、移动办公系统、学工管理平台等应用，通过移动智慧校园，师生可以更方便地获取海量信息，实时处理信息。同时，移动智慧校园保证了教师、学生和学校管理者三者之间能实现在线实时交流与沟通。

④实现综合业务系统的管理。智慧校园触及学校管理服务的各方面，包含学生的课程管理系统、教务管理系统、教师的管理系统等。智慧校园利用大数据技

术对所有系统数据信息进行搜集、分类、挖掘，为全校师生提供服务。

⑤保证网络安全。智慧校园所触及数据的数量巨大，安全工作尤为重要。安全工作主要包含软硬件运行环境的管理、安全体系的完善等，涵盖网络安全、数据安全、终端安全、数据备份等安全设计。

二、教育大数据驱动数字化校园向智慧校园发展

数字化校园建设与应用改变了我国教育教学的模式，促进了教育教学的改革，构建了人人皆学、处处能学、时时可学的网络学习空间环境，加快了我国教育现代化建设的步伐，为国家、各级各类学校积累了丰富的数据资源。但互联网时代的数字化校园建设的目标是信息的互联互通，信息交互的主体是人，数字化校园只突出为人们提供信息化服务，不能满足教育信息化快速发展新的需要，这种情况下必然要求数字化校园向更高级的形态发展。

随着智慧城市、智慧教育、智慧校园、智慧教室、智慧课堂等与智慧相关的概念的提出，智能设备以及相关技术不断被应用，环境全面感知、情境实时识别、全过程记录成为现实。从此以人为主体的信息交互延伸到了物，学校提供人与人、人与物、物与物信息互联互通的智能化服务，把"智慧""智能"融入教育教学全过程中。

智能设备可以对学校环境、师生个体特征、教学情境、教学过程和学习过程进行全面感知。通过智能终端，人们可以采集更为丰富、更为全面、更为巨大的实时数据，应用大数据技术，可对海量数据进行智能挖掘分析；通过对学生大数据进行分析，可以获得学生的行为轨迹、学业状况、心理健康情况等方面的内容；通过建立合理的预测模型，可以对学生在校学习期间的不良行为进行及时纠正，让学生取得更好的学习效果；通过对教师大数据进行分析，可以获得教师的教学实施轨迹、作业处理情况、教学评价、教学预警等方面的内容；通过真实的数据反映，可及时纠正教师的教学行为，让教师在教学过程中不断成长，不断积累教学经验、不断提高教学质量；通过对学校管理大数据进行分析，可以获得学校的办学轨迹，以及学校的办学水平、管理水平等方面的内容。科学的数据呈现可以让学校管理者清楚学校的不足之处，从而采取及时的补救措施，提高学校的办学水平与办学质量，也促进教学质量的提高。

教育大数据为教育智能服务提供数据来源，教育大数据是教育信息化向前发展的不竭动力。教育信息化是教育大数据被不断开发应用的过程，也是新技

术不断发展应用的过程。教育大数据驱动数字化校园向更高级别的智慧校园升级发展，智慧校园建设开启了我国教育智能新时代，必将助力我国加速实现教育现代化。

回顾我国教育信息化建设取得的成就，数字化校园开始建设以来，各级各类学校网络基础设施建设基本完成，各类信息系统、在线学习平台基本建成。经过不断完善，各级各类学校积累了海量的教育数据，如果继续进行简单重复的信息系统建设就不能满足现阶段各学校信息化建设的需要，如何为用户提供更快捷、更优质、更智能的个性化服务是现阶段教育信息化建设的主要目标。虽然各级各类学校积累的海量数据价值巨大，但目前其利用率并不高，只作为数据资料长期沉睡在存储介质中，如何对教育大数据进行挖掘分析、充分利用，为学校带来经济效益和社会效益，为师生员工、教育管理者提供数据支持，学校由此实现智能化决策与管理是教育大数据在现阶段主要的应用需求。

在教育大数据挖掘分析与应用的过程中，人们获得了更全面的、实时的、全过程的数据，这促进了智能设备的研发与应用，也促进了数据智能采集与智能分析的应用。在教育大数据自身发展的强大内力推动下，教育信息化必将向智慧化方向发展。

第二节　大数据环境下的智慧校园建设

一、大数据环境下智慧校园的建设背景

（一）互联网的优化

在大数据时代，网络的基础作用愈加稳固，"互联网+"的形成与发展受到普遍关注。如果想要使之与既有教育体制深度联系，便应当强调互联网载体对于大数据的适应，从而达到信息化教育优化的理想目标。特别是基于智慧校园建设的构想，尤其应当借助"互联网+"的优势，满足人和人、人和信息的交流、互动需求，给教师与学生提供各自需要的优越网络条件。

（二）移动终端的发展

现今，移动终端可以随时对计算机系统加以适应，给使用者以必要的技术支

撑，满足人们不断增长的信息感知与获取需求。因为移动智能技术的发展，教师与学生能够随时掌握各类所需信息资源，人与信息的互动便捷度更高。

（三）业务应用的融合

高校智慧校园建设涉及多种业务应用，而这些业务应用已经有了相互融合的趋势，这是值得注意的特殊情况。为此，高校的管理者需要对既有管理理念进行调整，主动适应各项校园业务融合需求，形成与之匹配的大数据发展框架，从而为全校教师的科研教学等提供技术支持。

（四）内外渠道的融合

当代高校早已经脱离了传统意义上的校园概念藩篱，与外部社会乃至国际接轨成为其必然选择。正因如此，建设智慧校园的工作也应当摆脱孤立存在的限制，达到在大数据背景下与外部信息沟通的效果，从而促进高校自身的发展与创新。例如，肩负科研任务的高校教师便需要和社会有关研究者、研究单位充分交流，利用合作的机会，了解前沿科研动态，以便为高校的相关工作提供方向上的支持。

二、大数据环境下智慧校园的建设内容

（一）硬件及网络资源建设

硬件及网络资源建设要求：第一，充分性。硬件应满足校园内所有用户及软件等对硬件在性能上的需求。第二，安全性。硬件应具有高可靠性和容错性。第三，开放性。硬件应标准化、易扩展、易伸缩、兼容性好。第四，前瞻性。硬件及网络资源应满足一定时期内需求的增长。

（二）信息资源建设

校园信息资源建设，可以简单理解为数据的收集、管理。在建设前期，要先完成学校信息资源的顶层设计，加强权威数据源标准化同步，建成校级中心数据库。信息资源反映着长期以来校园整体运营的过程，是教学科研成果的积累载体、学校核心竞争力的体现，具有长期不衰的价值。在智慧校园的建设中，高校应当把信息资源基础设施的建设和有效利用作为信息化推进工作的重点。

（三）软件资源建设

软件资源需具备可信、可维护、开放、兼容等特性。软件资源建设内容包括

以下几点：第一，客户端软件建设，如面向单机的操作系统、面向移动终端的嵌入式系统、浏览器等；第二，服务端软件建设，如服务器版操作系统、角色控制软件、网络协议栈等；第三，信息资源管理软件建设，如信息整理软件、数据管理类软件、数据存储软件、数据访问软件等。

（四）智慧化服务

智慧化服务是智慧校园建设的最终目标。它基于校级中心数据库提供智慧决策、智慧学习、智慧管理、智慧安防等多种服务，为高校人才培养、科学研究、改革创新等提供决策依据。

三、大数据环境下智慧校园建设存在的问题

（一）职责不清

目前，智慧校园建设主要涉及学校图书馆、网络信息中心、教务处以及学生处等职能部门，这些职能部门分别隶属于不同领导部门，且独自进行各自的校园信息化建设，这就必然导致全校教育教学数据信息资源被人为地分割开，难以实现协调发展。

由于各个职能部门之间相互平行且各自为政，因此在智慧校园建设过程中各个职能部门之间容易出现各种矛盾，从而使得各项资源要素的效能难以充分发挥，这在一定程度上制约了广大师生对智慧校园的高效利用。

（二）重复建设严重

在智慧校园建设过程中，部分职能部门本位主义较为突出，没有以全局观念来指导智慧校园建设，因此出现了较为严重的重复建设问题。学校各个职能部门如果都从自身利益出发，独立采购网络硬件、管理软件，就会出现小部门的信息化系统，并且在应用维护过程中也会普遍各自为政，这样就难以从全面提升校园信息化水平的战略高度去统筹、协调。

学校所有的数据资源理应是一个统一的整体，只有这样才能更好地实现不同部门之间的数据共享，充分发挥智慧校园的积极作用。但目前学校内部存在较为严重的信息孤岛现象，各个部门在进行信息资源建设时没有充分考虑如何实现数据互通，使得系统各自为政、数据标准不一，进而使得学校各个部门之间难以实现数据共享，这样难以有效发挥数据信息为管理决策服务的积极作用。

（三）资金投入不足

由于受限于各种主客观因素，学校对智慧校园建设的资金投入不足，难以有效满足智慧校园建设需要，进而导致智慧校园软、硬件应用相对落后，这严重制约了校园的信息化发展。与此同时，智慧校园建设还需要具备较高信息化水平的技术人员对智慧校园系统进行建设、维护和升级，这就需要学校重视人才培养，但由于受限于培养资金，目前许多学校普遍存在信息技术人员欠缺的问题。

（四）应用频率不高

目前，许多学校已经逐步构建起自己的智慧校园平台系统，该系统覆盖范围较广。但是，由于受传统教育理念和模式的影响，部分领导、教师和学生对于智慧校园平台系统的使用缺乏认识和了解，因此出现了不习惯使用该系统的问题，进而导致广大师生使用频率不高，难以充分发挥智慧校园原本的积极作用。

（五）信息资源浪费严重

在现阶段，高校的管理体制是比较固定的，在智慧校园的各类系统当中出现了明显的条块分割现象，权力和职责不清的问题依然存在。例如，高校的财务管理部门在工作开展的过程当中和其他部门在信息化建设层面存在着各自为政的现象，这在一定程度上会造成信息资源的浪费，从而导致出现资源统一管理模式没有办法得到有效实施的情况，同时管理工作的开展也浪费了比较多的人力、物力和财力，信息的管理水平没有办法获得全方位的提升。

（六）监控系统需要完善

随着现代科学技术的不断发展，网络安全问题已经成了人们高度重视的一个问题，在各种病毒入侵以及黑客入侵的情况下，数据的丢失严重影响着人们对于网络的信任，同时信息安全保护也受到了人们的质疑。目前，高校虽然会使用一些专用的网络软件来开展多媒体教学工作，并且也注重使用一些杀毒软件进行数据安全的保护，但是从总体上来说，由于缺乏一支专门服务于智慧校园监控系统的队伍，因此无论是系统的完整性，还是相应的配套服务都不是特别理想，导致智慧校园监控系统的完善程度较低，存在安全方面的隐患。

四、大数据环境下智慧校园建设的主要任务

（一）统一技术标准

大数据是智慧校园发挥作用的基础，要将高校各业务应用系统集成在网上办事大厅里，就必须统一数据标准和接口，为数据转换和共享创造条件。这样就可以避免"数据孤岛"的出现，最终实现各业务应用系统之间的整合，保证智慧校园真正地提供一站式服务。

（二）建设大数据中心

智慧校园建设过程中，各系统呈现给用户所需要的数据为学校日常的管理、教学和决策提供数据依据，所以数据是整个系统的核心。学校的信息中心建立大数据中心，它主要用于对业务层数据进行收集、确保数据安全运行、过滤与汇总结果。学校应建立大数据存储模型，存储模型要支持海量结构化和非结构化数据的存储。学校应对多种来源的数据进行统一的载入、分类、处理、存储，通过应用程序接口对外提供数据订阅服务。学校从各个不同的层面、多维度对数据进行深度挖掘，整理形成质量较高的数据资源，从而提升学校的信息化水平，为管理层提供决策支持，改善传统的"数据孤岛"的现状。

（三）提升基础设施建设

基础设施是智慧校园建设的硬件资源。随着教育信息化进程的推进，高校目前的基础设施已难以能满足教学、管理和服务的需求，高校需从以下几方面做出改进：一是构建无线网、有线网及移动互联网充分融合的网络体系，使师生能在任何时间和任何地点都可以利用网络获取信息资源；二是加强校园物联网的建设，推进校园各信息化设备的充分融合，公共机房、实验室、运动场馆以及后勤服务的传统设施需要通过物联网智能感知技术实现人与人、人与物之间的全面感知、互联互通；三是加强校园智慧机房和实验室的建设，机房与实验室承担着学生自主学习与创新的任务，也是教师教学与科研能力提升的重要平台，高校应利用新型信息技术为师生创建泛在互联、高度开放的智能化实验环境。

（四）开发校园业务应用系统

智慧校园所依赖的大数据来源于各种智能终端和校园业务应用系统，所以高校可根据实际需求开发相应的应用系统，并将其集成到智慧校园系统中，为全面而广泛地采集数据奠定基础。

五、大数据环境下智慧校园建设的总体目标

高校通过构建智慧校园管理平台，提升管理水平，探索大数据视域下的教育教学管理模式，逐步实现校园环境的全面感知、校园管理的全向交互、校园生活的个性快捷，最终建成技术先进、应用深入、安全可靠、覆盖全面、高效稳定的智慧校园。大数据环境下智慧校园建设的总体目标是实现"一站式服务"及"四个智慧化"，即智慧环境、智慧教务、智慧管理、智慧生活。

（一）一站式服务

智慧校园的一站式服务系统，可以利用移动终端设备为全校师生提供各种业务服务，满足他们多样化的需求。例如，新闻发布平台能够为师生提供信息订阅、热点新闻推送等服务；教务管理平台可以为师生提供课表查询、成绩查询及选修课申报等服务；智能化的一卡通将校园卡和手机卡进行集成，方便了广大师生的生活。一站式服务平台实现了学生和教职工的学习、管理、教学、生活等方面的一站式服务。校园实现全面信息化以后，教学及管理将突破传统界限，延展其内涵，学校成为一个网络可达范围内的无围墙智慧校园。

（二）智慧环境

智慧环境是智慧校园的物质基础，智慧环境建设主要依赖于快速稳定、结构合理、使用便捷、安全稳定的基础互联网络。在此基础上，高校应建立完善的身份认证系统、高规格的大数据共享平台、统一的集成系统平台和界面友好的门户网站，为创建科学合理的智慧校园打下坚实的环境基础。

（三）智慧教务

高校应打造综合化的智慧教学管理平台，科学合理地配置教学资源，提高教学资源的利用率；构建先进实用的网络教学平台，丰富整合教学资源，设立高清录播室、智慧教室、专业学习中心等，改革传统的教学模式，创建研究式、协作式、主动式的智慧学习环境，提高教学水平和人才培养质量。

（四）智慧管理

智慧管理是利用云服务平台整合各项应用服务，有效解决过去教育信息化建设中存在的"数据孤岛"问题，降低人员经费、维护经费的投入，降低安全风险，提高工作效率，加强学生与学生、教师与学生及院校之间的互动，最终实现教育过程的信息化。

①教务管理。高校应根据教师、专业、教室等实时信息进行智能排课、调课等管理工作；挖掘和分析学生搜索和选择课程的大数据，下一学年的课程设置及培训计划随之改进；智能地进行科研申报、审批、立项、合作团队的建立、结题、成果汇总。

②协同办公。以出差申请为例，申请人在线填写申请单，所属部门领导收到推送消息后进行审批，相关部门负责人在线层层审批，财务预支资金，教务处进行调课并通知学生。协同办公实现了校园无纸化、灵活高效地办公，实现了办公的智能化。

③资产管理。利用物联网等技术建设的智慧校园，教室、图书馆、宿舍、实训室等资产的管理更便捷。智能感知设备如果出现故障应及时修理以保证校园学习与生活的质量。

（五）智慧生活

打造高效、快捷、健康的智慧生活环境，构建传承优秀的校园文化，是智慧校园建设中的关键因素。随着生活方式的变化，师生的交流沟通不再完全依靠现实空间，更多的是通过虚拟的网络空间进行的，从这个层面看，加强净化校园网络环境尤为必要，这也是高校"大思政"的重要课题之一。因此，智慧校园建设必须传扬优秀校园文化，进一步提高师生的个人修养。

第三节 大数据环境下智慧校园信息化建设的创新路径

一、优化资源配置

在智慧校园建设中，资源优化与合理化使用是普遍存在的问题。要优化配置信息资源，就需要对信息化进行应用统计，根据实际应用率而设计统一操作系统，实现资源的共享及高效运作。且优化资源配置工作不是一蹴而就的，而是逐渐完善的过程，且需要合理化信息处理模型予以保障。对此，智慧校园的建设，要求领导者应以发展的眼光看待此项工程。

二、树立大数据观念

在传统的数字校园建设过程中，由于受限于各种主客观因素，学校信息化建设速度相对缓慢，难以有效满足新形势下学校教育管理对数据信息的需求。观念引领行动，大数据时代下的智慧校园建设必然要求各个参与主体尤其是领导干部树立正确的大数据观念，并将这一观念贯彻应用到智慧校园建设全过程中，进而有效提高智慧校园建设的质量。

具体可以从以下几个方面推进：第一，学校领导以及相关职能部门应该主动转变教育管理观念，树立起认识、挖掘、应用"三位一体"的大数据智慧校园理念，进而更好地指导智慧校园建设的顺利推进；第二，学校应加大对大数据校园宣传的力度，学校应充分利用各种宣传渠道对大数据智慧校园进行宣传，进而使全校师生更好地认识和理解大数据技术和理念，使全校师生得以树立起在日常学习生活中利用大数据技术的惯性思维；第三，学校必须将大数据理念贯彻落实到智慧校园建设全过程中，利用先进的大数据技术和理念来支持校园信息化建设，使智慧校园变得可视化、精准化和智能化。

三、培养智慧型人才

人才培养是高校最根本的任务和目标，而培养智慧型人才对于智慧校园的建设也是主要的目标。近几年，互联网的发展迅速，线上线下一体化的出现，使得智慧型人才成为这个社会炙手可热的人才。对于基于大数据的智慧型校园建设的人才培养，应该考虑研究智慧校园的构建技术，教师应当根据当下热门的课题，针对以前的教案进行研究，从以往的教案中汲取经验，同时也要做出创新，适应时代的潮流，与最新的技术相接轨，准备适用于当下的教案。

另外，学生也应当摆脱传统的学习模式，积极地去学习当下热门的新型技术，在知识的海洋里对专业知识做出基础的理解。同时学生也要着重于动手能力的培养，注重实践与理论的结合，围绕热门的新型技术进行实践。

四、建立公共数据集成平台

公共数据集成平台是高校智慧校园建设的根本，对校园数据信息的运作具有规范性保障作用，且促使其内部教育更加符合管理流程。无论是教师还是学生，他们都能在这一平台中获得自己所需的资源，并进行资源共享操作，进而形成了除资源共享外，还包括信息维护与处理分析等的体系，这是校园内数据共享集成的合理化方式。在公共数据集成平台中，抽取、扩展、支持、调度、加载等数据操作，以及信息编码、系统管理、数据统计、安全监控等，为平台正常运行提供了保障。

五、拓宽智慧校园信息化框架

仅对智慧校园信息化进行框架构建是远远不够的，以大数据为核心的智慧校园信息化建设需在已有基础上不断丰富，使框架构建工作推进更顺利，能够满足师生的需要。在构建过程中，需充分利用各种信息化技术手段，丰富辅助技术，将云计算、物联网、互动平台作为外部信息化技术手段加以补充，而智慧校园的建设者需深刻认识这些信息化技术的应用价值和实际意义，通过这些不同技术之间的高效融合促进信息化框架的构建更加顺利。

大数据技术能够实现大量数据的储存和分析，利用大数据技术人们可以充分掌握客观事物发展的基本规律，总结经验，完成信息框架的构建。而利用云计算技术则可以对各种数据进行快速处理，实现数据之间的整合，学生和教师在使用时会更加便利。社交平台有利于师生、生生之间进行交流，能够拉近师生之间的距离，提高沟通效率，平衡师生、生生之间的关系。各信息技术手段的价值和功能的差异较大，因此，在构建过程中要实现对智慧校园信息化框架的完善，而不能满足于现状，要在推进过程中不断摸索，不断优化所构建框架。

六、满足智慧校园基本建设需求

以大数据为核心的智慧校园建设需要不断引入各种云计算、互联网理念，对传统意义上的数字化教学进行优化升级，为师生提供更好的服务体验，充分展现人性化的基本理念。因此，高校要对智慧校园建设进行需求分析。

首先，要实现数据的有效共享。在校园信息化建设过程中涉及的范围较为广阔，其中包括教学、管理等内容，因此，高校必须在智慧化的基础上制定应用标准，进行结构分析，实现校园数据共享，尽可能避免在智慧校园建设过程中出现信息孤岛的问题。

其次，在进行以大数据为核心的智慧校园信息化建设时应朝着一站式构建方向努力，高校要改变自身传统的思维模式，进行系统有效整合，使教学与管理两方面相互融合。

最后，高校构建统一管理和维护基础能够实现良好系统的打造。从现阶段的实际推进状况来看，部分高校还未制定统一规划，若长久如此便会导致资源浪费，因此，高校需根据规范性技术制定统一维护制度。在实际推进过程中高校需兼顾智慧校园信息化构建的实时性和安全性。

在大数据环境下，高校要进行数据的挖掘与搜集，并对搜集到的数据进行

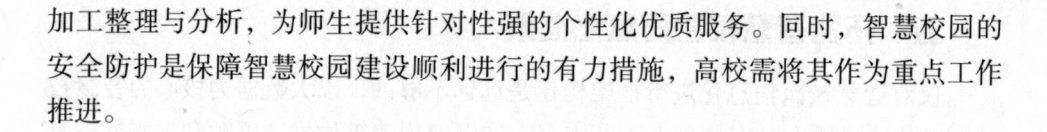

加工整理与分析，为师生提供针对性强的个性化优质服务。同时，智慧校园的安全防护是保障智慧校园建设顺利进行的有力措施，高校需将其作为重点工作推进。

七、智慧校园建设的整体结构设计

为了促使数字空间和物理空间的有效融合，高校应围绕大数据技术展开智慧校园的建设。移动互联网起到神经网络的作用，通过智能感知将目标定位在用户个性体验与自适应方面，使其服务于智慧校园网络信息化，促使高校内各项业务实现智慧应用。

（一）搭建智能感知层

感应技术主要应用于数据采集，如对师生网络状态及设备运行实现全面感知，是智慧校园的物质化技术基础。

（二）搭建网络通信层

无线网络结合有线网络技术，可实现数据实时传输。用户登录获取在线或离线数据，是从网络上对智慧校园进行支持。

（三）完善大数据结构

高校智慧校园的建设创新，大数据层是核心要点，其涉及数据管理及信息处理等各方面，同时也涵盖计算物理和数据存储各平台。智慧校园搭建大数据层，其连接着各部分的数据信息，为数据处理提供了媒介端口。

八、提高智慧校园信息资源的安全性

由于大数据潮流的影响，高校在进行信息化建设时一定要满足大数据的时代要求，借此提高校园网络平台在实际中的地位，同时教师也要注意教学漏洞的出现。高校在进行信息化建设时，要尤其注意网络信息资源平台的安全性，避免信息资源的泄露。高校应对校园信息网络进行实时监控，定期检测，发现漏洞要及时进行补救，加大对校园信息资源网络管理人员的管理力度，确保智慧校园信息化创新建设的顺利进行。

九、构建功能齐全的智慧校园信息系统

（一）智慧校园的全功能提升

高校应全面升级原数字化校园的支撑平台，修复漏洞，更新原有系统版本，使其满足智慧校园发展的要求。

（二）校内身份识别系统全面升级

校内身份识别系统应通过开放式接口，实现与各应用系统的对接；提供多维度身份认证；提供接口用于与外部识别系统进行系统对接。

（三）全生态融合式门户

高校应基本实现校园内各业务系统功能的全面展现，并通过识别系统与各业务系统对接完成数据采集工作；通过大数据计算主动推送师生感兴趣的内容。

（四）一站式综合服务

高校可通过"事前可查询，随时可办理，事后可评价"的生态体系完成整体系统的构建。一站式综合服务大厅将实现线上流程与线下业务办理深度融合。一站式综合服务大厅将全方位优化现有办事流程，打破传统的部门地域障碍与职能壁垒，实现各部门的高效协同，业务现场办理，只要进入大厅，就能享受"最多跑一次"全部服务，真正实现"同一网站，全部业务，高效全能"。一站式综合服务大厅实现了数据的完全融通，打破了数据壁垒，提供数据采集、数据分析、数据挖掘、数据发布等一站式数据服务，让数据真正服务师生、服务管理、服务领导、服务决策，以大数据促管理、优服务、激创新。

（五）构建校内信息数据传递平台

为保证校内信息与数据的及时传递，高校可通过以下两个系统的构建完成该平台的建设：内外一体的邮箱服务系统和基于多文件并发的存储系统。

（六）功能强大的移动门户

各应用平台通过身份识别和开放接口的方式实现一端展现，同时通过信息平台的接入实现各类消息的及时送达。

十、加强对高校现代教育技术队伍的培训

高校智慧校园信息化系统的最终使用者一般是高校的现代教育技术工作人员，因此工作人员对于信息化知识的掌握状况，直接影响着整个系统的功能的发挥。在这样的背景之下，高校需要加强对高校现代教育技术队伍的培训，通过培训工作的开展，强化工作人员在信息化方面的能力，使得他们能够在工作开展的过程当中充分应用信息化系统，从而提升整体的工作效率。在培训工作开展的过程当中，要注重培训方式的创新，同时注重融入一些新的培训理念，使得工作人员在培训的过程当中，能够获得信心和乐趣，从而使得工作人员对信息化知识的学习也能更加积极。

十一、构建以大数据为核心的智慧校园信息化框架

以大数据为核心构建智慧校园信息化框架的主要目的是实现物理空间和数字空间的有效融合，实现二者的相互统一，因此，高校必须在物联网的基础上借助新型信息化智能技术，有效利用业务管理系统，实现信息化智能管理和应用。以大数据为核心的智慧校园信息化框架主要包含智能感知层、网络通信层、大数据层、应用层等结构，其中，智能感知层需要针对各个数据进行有效采集，以获取校园各项业务信息及师生的动态信息。网络通信层则主要对采集到的信息进行反馈和传达，保障各项工作的紧密衔接。大数据层是智慧校园信息化发展的核心系统，信息的储存处理都是在这一层内完成的。应用层是对处理后的数据信息进行有效应用，不断发挥信息数据的基本价值。在智慧校园信息化框架的构建中打造的自适应交互平台是依据师生的需求提供有针对性的服务的。支撑保障系统主要是对信息系统进行安全防护，确保服务系统的正常运行。

第四节 大数据技术在智慧校园信息化建设中的应用

一、大数据技术对智慧校园信息化建设的意义

（一）创新教学管理方式

在我国传统教育里，高校在管理上往往提前设定下一步的管理策略以及规划，按照提前制订的计划"原封不动"地进行实际教学管理。这种按原计划"原

封不动"地进行管理的方式，极大地限制了学校后期的教学改革，而且如果在后期发现计划存在缺陷，就很难对缺陷进行弥补。

大数据这一概念引入之后，之前固化的管理思维得到了很大程度的改善，学校教学管理焕发出新活力。灵活应用数据整合分析与挖掘技术，有利于高校在实际教学管理中高效应用管理方案，进而适配教学需要与要求，这符合当今时代发展进步的要求。

（二）提供信息技术方面的支持

高校在办学过程中很难避免产出数据信息，比如说贫困生的界定，较以往的惯例都是学生自己写书面申请，之后提供民政部门出具的贫困证明即可。随着科学技术的不断发展，高校就可以借助大数据进行贫困生的界定。高校可以依据生活消费、图书借阅、有无申请助学岗等方面的数据进行人物画像，从而科学地分析决策学生是否是真的贫困。

大数据背景下，高校在校园建设与管理过程中，信息资源给数字信息技术全面使用开拓了更广的渠道。所以，在综合管理中高校要建立起大数据式思维，对相关技术全面深入研究，最大限度地激发其潜在利用价值，在提高学校管理效率的同时，也随之为今后教学的管理提供相对来说更加坚实的信息保障，促使高校健康、长久发展。

（三）促进智慧校园信息化建设

伴随着高校校园信息化建设的不断推进，很多新型信息管理系统开始出现。例如，图书馆管理系统、财务管理系统、学工管理系统、教务管理系统等诸多新兴系统，这些相对来说"年轻"的信息管理系统开始被广泛使用，很多系统中都包含着丰富的信息。

在大数据环境下，高校可以合理、有序、高效地进行数据的整合归纳工作。对数据进行全面分析以及分化应用，对智慧校园信息化建设提供技术上的支持以及决策性的指导，有利于让高校向着智能化方向稳定发展。

二、大数据技术在智慧校园信息化建设中的应用现状

（一）技术运用理念问题

智慧校园是新型信息化技术，往往由学校领导决策，信息网络中心等部门负责实施，如果要全面推行，势必要得到全校师生的理解和支持。例如，信息

资源平台的使用，需要每个部门、每个员工甚至每个学生都对信息资源平台有所了解，掌握系统功能，熟悉操作流程，这样才能确保信息资源平台真正发挥作用。

然而，对于一种新技术，领导层往往看重的是技术是否已经运用，而不是很关注运用状况和结果。由于信息技术专业性强，很多非计算机专业的师生家长，要完全接受需要一个过程，这样就使得系统平台普及以及数据收集等工作难以全面开展，从而影响了数据分析的普遍性。

（二）数据收集机制缺乏

智慧校园中的海量数据不能很好利用的重要原因之一是缺乏有效的数据收集工具，汇聚数据难。目前，高校获得各种海量数据的途径多为学生管理系统和教务管理系统等，由于各种系统收集的数据比较分散，因此工作人员难以综合运用这些数据。再有就是各部门对有些字段重复进行收集，这样不但浪费人力财力，而且不利于统一数据接口的建立。

另外，由于收集部门的分散，没有统一的责任部门，每个部门对收集的电子数据往往用完就删掉了或者保管时间不长，对纸质材料往往用完就归档封存，数据再利用相当不便，效率低下。

（三）数据分析环节有待加强

对于信息系统收集到的数据，应进行数据分析，如对收集到的数据进行噪声处理或者相似度检查等，以获得最接近客观现实的数据。部分高校，由于缺乏数据管理员等专业技术人才，对收集的数据有的缺乏分析环节，直接提交管理层参考和决策使用，有的采用的数据分析技术比较落后。

（四）数据处理系统技术落后

高校管理部门收集到的数据有些是批量数据，有些是学生上网或者饭卡消费的实时数据，有些是学生聊天、做作业等方面的图片数据，需要批量数据处理系统、流式数据处理系统、图数据处理系统等分别进行处理。部分高校管理人员对不同类型数据缺乏辨别能力，加上这些数据处理技术复杂、软件昂贵等因素，导致先进的数据处理软件未能在高校数据平台中得以使用，高校数据处理效率低下。

三、大数据技术在智慧校园信息化建设中的主要应用

（一）数据收集和整理

数据的收集是应用大数据技术的基础。高校数据来源广泛，主要包括学生个人基础信息、课程数据、网络访问数据、图书借阅数据、食堂用餐数据、教师个人信息、多媒体教室信息、校园出入人员信息等。高校应对收集到的数据进行数据转换和编码，归类整理。

（二）科研教学评估分析

高校可通过分析教师阅读书籍、下载论文、在线学习等方面的数据信息，评估教师的科研学术水平，为学校进行科研管理提供依据。高校可建立合理的教学评分系统，对教师所教过的学生的成绩进行分析，对学生的评教情况的汇总进行研究，收集督导对于听课情况的反馈等数据信息，评估教师的教学水平，为提高教师的教学水平提供依据。

（三）学生经济情况分析

高校可通过分析学生食堂用餐情况、购物情况、兼职情况等数据，了解学生的经济情况，从而建立贫困学生情况数据库，帮助那些经济有困难的学生。

（四）学生学业、就业情况分析

高校可通过分析学生高考成绩数据、在校课程成绩数据、考勤数据、图书借阅数据等数据，为学生所学专业和所选课程是否合适评分，从而为学生的学习提供帮助。高校也可对学生的兴趣爱好和能力进行分析，将分析结果与学生求职信息形成评测关联，为学生就业提供方向。

四、大数据技术在智慧校园信息化建设中的应用前景

"智慧校园"是一个包含云计算、物联网、智能传感等技术的综合体，是对"数字校园"的拓展和提升。"智慧校园"通过把传感器嵌入和装载到校园的供电、供水系统以及建筑物、设备等校园生态系统的各种物件中，实现物联网与互联网的连接、校园生活与物理系统的整合，而后将管理系统、办公系统等众多系统融入"校园云"，从而将云、物联网、互联网连接起来，进而实现大规模数据的实时抓取和深度分析计算。"智慧校园"通过对大量非结构化形态的数据进行

大数据环境下高校信息化建设研究

分析形成智慧教学和管理，因此，"智慧校园"对数据如何获取、数据处理速度和数据分析能力要求较高。而大数据技术作为信息技术领域新一代的数据管理技术，在对结构化、半结构化和非结构化数据实施深度挖掘并形成智能决策依据方面有较强的优势，因此，在"智慧校园"数据收集、数据分析、数据处理等环节使用大数据先进技术将会使"智慧校园"建设提升到一个新的高度。大数据的技术特性和潜在价值必将使其成为"智慧校园"中不可或缺的重要组成部分。

第七章　大数据环境下高校信息化建设策略

随着国家信息化建设的不断推进，高校的信息化建设也在逐步发展和完善。大数据技术发展迅速，在各行各业都已经有了广泛的应用，在高校信息化建设领域也必将产生深远的影响。

第一节　大数据环境下高校教师教学能力的提升

一、国内外高校教师教学能力结构模型

（一）国内教师教学能力结构模型

1. 张忠华、李婷婷大学青年教师的教学能力结构模型

张忠华、李婷婷通过实证研究和逻辑分析证明，教师的教学能力结构主要包括对教学内容的理解、转化与表达的能力，教学方法手段和媒体的选用能力，教学诸要素的整合与设计能力，教学组织与沟通能力，调动学生学习积极主动性的能力，教学评价与反思能力，教学研究能力和教学创新能力等。教学能力结构是一个有机的复杂的系统整体，教学设计能力具有宏观意义，统领各种具体能力，体现了系统化、结构化的思想。教学创新能力是核心，其他能力都是教学创新能力的基本条件，反过来，教学创新能力又促进其他具体教学能力的发展和提高。

2. 周琬謦应用型大学教师教学能力三维结构模型

周琬謦提出应用型大学教师教学能力三维结构模型，认为教学能力由个性特质、知识结构和教学技能由内到外有机构成。从工作领域维度看，教学能力包括课堂教学能力和实践教学能力两大子能力群，前者包括讲授能力、演示能力和互动能力，表征应用型大学教师教学能力的一般性；后者包括实验教学能力、实训

能力、专业实践能力和第二课堂组织能力，表征应用型大学教师教学能力的特殊性。从教学活动维度看，教学能力包括教学认知能力、教学设计能力、教学实施能力、教学评价能力、教学创新能力和教学研究能力。各构成要素之间相互联系、相互作用、相辅相成，共同构成一个相对独立的有机整体，教学能力三维结构模型，决定着教学能力的发展。

3. 刘鹂教育者教学能力结构模型

刘鹂将教育者的教学能力分解为由三级指标构成的能力要素群。该能力结构模型以"研究发展教学的能力"为结构支撑，由"开展教学活动的能力"和"聚焦教学影响的能力"螺旋交织而成，是由低阶向高阶发展的连续统一体。示范、融通、交互、创新是教育者教学能力专业化特质之具体表现。

（二）国外教师教学能力结构模型

1. 尚卡拉曼和杜克洛基于课程分析的教学能力结构模型

尚卡拉曼和杜克洛在分析工程教育时发现，课堂教学与学习成果密切相关，因此他们认为在课程的整个生命周期中需要一个全面的能力框架来支持有效地传递和评估课程内容，并为学生提供有价值的、及时的反馈。通过对课堂的分析，他们提出了一个在课程设计和授课过程中发挥重要作用的教学能力框架，包括内容设计、评估设计、授课和评估、评估结果分析和反馈，以及内容回顾五个方面。在设计阶段，每一方面的能力都纳入考虑范围；在教学实践中，这五个方面存在迭代，都与教学相关；在评估阶段，每一方面的能力都映射出多个方面的能力。

2. 辛普森和史密斯基本教学能力结构模型

辛普森和史密斯通过德尔菲法对 135 个教学能力进行验证，以确认其是否属于基本教学能力。教育研究确定的六个基本技能领域包括学术技能、计划技能、管理技能、表达和沟通技能、评估和反馈技能，以及人际交往技能。

3. 摩利那尔等教育中教学能力结构模型

摩利那尔等通过调查，建立了一个涵盖整个医学教育体系的教师能力的框架。该框架区分了三个维度：一是教学的六个领域（发展—组织—执行—指导—评估—反馈）；二是教师在组织中的三个层次（微观、中观和宏观）；三是能力构成，作为知识、技能和态度的综合其也被描述为特定环境下的行为。当前框架是几个周期的描述、现场反馈和调整的结果。该模型提供了一种通用语言，作为一个指南，它不仅可供教师和教师培训师使用，也可供质量保证委员会、人力资源管理机构和人员使用。

4. 戴尼克等高等教育教学能力结构模型

戴尼克等认为大多数高等教育教学能力模型的共同要素是内容知识能力、教学能力（教学方法和演示技能、指导和建议技能、课程和课程材料的设计）、组织能力和科学能力（终身学习和反思）。有效教学的关键原则，如兴趣和解释、关心和尊重学生和学生的学习、适当的评估和反馈、明确的目标、积极参与和向学生学习等都可以在这个框架中找到。然而，现有的教学框架的不足之处在于，它们没有重视作为教师的人，它们的定义过于狭窄，没有得到验证，没有适应现代教学方法。

在高等教育中，教学方法越来越以学生为中心，需要教师具有不同的教学能力，这就要求要有一个适当的教学能力框架，它主要用于评估。因此，戴尼克等建构了一个教学能力的框架，包括以下领域：作为教师的人、教师作为内容知识的专家、教师作为学习过程的促进者、作为学者和终身学习者的教师。第一个领域"作为教师的人"，它的重点是使他或她成为一个好教师，而不是作为一个人的教师，因为教师的个人生活不包括在内。第二个领域"教师作为内容知识的专家"，这一领域乍一看似乎并不符合以学生为中心的教育，但从学生的角度来看并不意味着内容知识不重要。这一领域的重点集中在教师如何使用内容知识来刺激学生的学习，并考虑学生的观点。第三个领域"教师作为学习过程的促进者"，包括三个子范畴：教师作为教育的促进者、顾问和评价者。子范畴"教师作为教育的促进者"包含一些项目，这些项目侧重于设计激励学生逐渐独立学习的教材。子范畴"教师作为教育的顾问"包含了专注于为学生提供建议、反馈等的项目。"教师作为教育的评价者"子范畴不仅包括关注学生评估的项目，还包括关注教师同行评估的项目。第四个领域"作为学者和终身学习者的教师"领域包括以下项目：教师的专业发展和科学技能。由此编制了由134个条目组成的德尔菲问卷，包括20项与教师个人有关，13项与教师作为内容知识专家有关，65项与教师作为促进者有关，14项与教师作为顾问有关，22项与作为学者和终身学习者的教师有关。按照李克特量表对每一项进行评分，最终对61个项目达成了共识。其中，专家达成了共识，超过75%的项目有：作为教师的人——要善于沟通、有积极的态度、尊重学生；教师作为内容知识的专家——能够使用相关知识，对学科有透彻的了解，有学科新的知识；教师作为教育的促进者——能够以学生为中心设计教学过程，能够设计激活教材，通过教育使学生学会自我指导；教师作为教育的顾问——能够给予反馈，以学生为中心组织教学，激励学生；教师作为教育的评价者——能够评估学生的学习成绩，在评估的基础上重新调整自己的教学实践，设计适合评估学习结果的测试；作为学者和终身学习者的教师——能够反思自己的教学表现，从反思中获得经验，进行教学创新。

二、大数据环境下高校教师教学能力提升的机遇

（一）社会提供机遇

在大数据环境下，人才成为综合国力提升、社会发展的重要动力，具有重要的作用。目前人才竞争变得愈加激烈，高等教育承担着培养符合我国社会建设需求的接班人的使命，任务艰巨，提升高校教师的教学能力已经成为社会发展的必然要求。

1. 高等教育处于重要地位

科技发展推进了大数据时代的到来。当前来看，我国大力推进生物技术、新能源技术和信息技术等高新技术快速发展，高新技术的发展推动了人类社会的进步。大数据时代的来临表明了人类已经进入了以知识资源为主的时代，以知识作为核心表示人才资源成为重要的竞争资源。在当前这个年代，国家的核心竞争力指国家应对竞争的能力，这是一种国家能力的集合，其中包括经济、科技和军事等多方面的实力。在大数据环境下，高等教育的地位越来越高，甚至已经影响到国家核心竞争力的提升。高等教育是培养高层次人才的一种手段，人才资源是国家核心竞争力的重要组成部分。纵观世界发展的历史，每一次生产技术的变革都将引发人类社会的变革，而生产技术的发展得益于科学技术的支持。总结历史经验，可以发现一个国家想要在国际竞争当中占据优势、掌握先机，必须将高等教育发展放在重要地位，甚至是放在优先发展的战略地位。

在大数据环境下，人类社会将比以往时代更加需要知识的力量，知识可用来提升社会的生产能力以及人民的实践能力。知识将成为当代人类社会发展的催化剂，社会生产难以离开知识的支持，知识成了科技、社会进步的核心动力。在此基础上，推动高等教育发展已经成为当今时代国家发展不可或缺的手段。重视高等教育的发展，一方面，可以直接提升我国科学技术的发展，推动国家经济、科技等方面的进步；另一方面，重视知识的发展将有利于教育公平的实现，以往属

于精英资源的高等教育资源面向更多的人民群众，这样整个国家的公民素质将会极大地提升，人才资源将大大增加。在这种历史条件下，高等教育事业势必要大力发展。

2. 高等教育国际竞争日益激烈

科技水平的飞速发展促使大数据时代来临，人们传统生活方式、观念都在发生着巨大的变化。我国自然也进入这次社会变革之中。20世纪80年代，党中央就已经将发展高等教育放在战略地位。当时邓小平同志已经对高等教育的发展提出要求，这为我国高等教育的发展奠定了重要的基础。如今看来，高等教育不仅仅是社会发展的重要动力，更是影响中华民族伟大复兴的民族前进推进器。从宏观的角度来看，高校已经不仅仅是传播知识的机构，更是培养知识型劳动力的机构，而知识型劳动力将是推进人类社会全面发展的中坚力量。我们正处于激烈的国际竞争当中，高等教育的发展必然也会加入国际竞争当中。这就说明，我国高等教育不仅仅要进行内部革新，还要面对国际外部的竞争，但是从另一种角度看，内部与外部的竞争将会促使我国高等教育更好地发展。国际竞争使我国高等教育面临巨大的挑战，却也是高等教育发展的契机，我国高校在发展的道路上把握机遇、保持清醒。

高校竞争的核心就是人才。全球范围内人才资源的竞争都极为激烈，在全球性的经济结构调整当中，各国高校教育都在飞速发展，社会对人才的需求愈来愈大，同时对人才质量的要求也越来越高。世界多个国家纷纷将高等教育的发展定为国策，为高等教育的发展提供大量资源，采取多种教育改革方式，希望本国高等教育能够跻身世界前列。从世界范围内来看，人才资源成为社会重要资源，并吸引各国投入大量资源与精力进行开发。

（二）高等教育发展的需求

1. 传承与创新

在大数据环境下，高校必须承担更为沉重的历史重任，除传授知识、进行科研工作之外，高校还要更加注重学生的创造能力的培养，这就对教师的能力提出了新挑战。其中，知识传承是知识创新的基础，知识传承为知识创新提供了阶梯，而知识创新又丰富了知识传承。在知识传承中学生的综合素养会得到全面的提升。从宏观角度来看，随着时间的推移，知识领域的大师在离世前，如果没有将其发现的理论与技术进行传承，就可能会出现技术断代的风险，阻碍后世社会的发展。

如果没有创新，文化传承就失去了意义，知识传承看似是培养人才、继承知识，但是从根本来看还是在为新知识的产生打下基础。

2. 高校管理能力提升

高校管理的目的是提升高校的教育质量。要获得较高的高校教育质量，就必须从高校教师层面入手。高校教师队伍建立的基础是教师的能力，高校在注重教师能力的同时还要激发教师发挥更大的作用，这就需要建立教师激励机制。建立教师激励机制，对教师队伍采取科学、合理的管理方式，成为当前我国高校管理工作发展的共识。我国高等教育要实现重大发展，必然需要高校管理能力的发展，如建立高校教师管理体系，在用人制度方面进行创新。高等教育关系到民族的发展，有了好的教师才能有好的高等教育，有了好的教师我国高等教育才能在国际高等教育竞争当中立于不败之地。所以，只有教师的地位与待遇得到提升，教师权益获得保护才能更好地激发教师的潜力，从而实现高等教育的发展。

（三）教师发展的必然需求

高校教师是高校精神文化的缔造者，高校教师的能力水平直接决定了高校的水平，是高校核心竞争力的重要组成部分。社会对高校教师给予了较高的期望，特别是在大数据时代下，高校教师不仅仅要扮演知识传授者的角色，还要扮演学术、课程的研究者的角色。可以说，在当今的时代下，高校教师如果不能做到终身学习紧跟时代的话，是难以满足当前高校教育需要的。

当前，高校的教学形式和观念相较以往发生了很大变化，高校教师在教学过程中向学生传授知识的同时，还需要带领学生探索知识的海洋，培养学生的创新能力。高校教师整个职业生涯当中，必须始终进行自我更新。教师的自我更新意识已经成为当前高校教师必备的素养之一。在大数据环境下，知识爆炸、信息爆炸都督促着人们要不断学习、不断更新知识体系。高校教师在教学过程当中，已经难以再啃老本儿。任何教师都难以再局限于自己已学的知识当中，自主发展、终身学习成为当今时代的主流，也是对高校教师的必然要求。

人类是社会动物，高校教师同样要融入社会当中。当今，高校所拥有的知识资源在社会与国际竞争当中有着越来越突出的作用。同样，高校拥有的学术资源、人才资源也成为社会所关注的焦点。人才资源作为高校的核心资源，想要获得发展归根结底还是需要通过高校教师能力的提升来实现。

不过，当前我国高校教师的生存环境以及工作要求都在发生变化，教师所面临的挑战日益严峻。大数据环境下教师需要具有一定程度的计算机操作能力，信息技术的发展改变了教学形式，高校教学形式和内容变得愈加丰富，为高校教师在教学方面提供了更多思路，但是也让高校教师面临着巨大的挑战。这种观念和方式的巨大变化促使高校教师开始进行职业转型。在大数据时代下，网络连接了世界各地，如何竞争、如何调整自身以及如何适应时代成为每一个人都要面临的问题。在时代所带来的压力之下，高校教师必须提升自身教学能力，让自己能够适应时代的发展。

三、大数据环境下高校教师教学能力提升的策略

（一）国家层面

1. 提供坚实的扶助政策

政府在高等教育治理中处于主导地位，政府通过资源布局，搭建平台，共建共享等方式支持着高校创新人才的培养。政府要立足于国家发展和社会需要，以政策的制定支持教育的发展，解决人才质量不平衡、人才供需不平衡的问题；依据高校发展需求为其提供制度基础，深化教育领域综合改革，明确人才培养的新理念、新结构、新模式、新机制和新标准等。

2. 构建完善的竞争制度

高校人才培养质量的战略管理很大程度上取决于实际拥有的和可自主支配的资源配额，部分高校的核心资源经常是有限的，办学经费的供给，更表现出极大的政府依赖性。政府要全面对高等教育发展提供支撑，加快现代大学制度和教育评价制度的完善，从资源、文化、政策等方面创造适宜的环境；要为高校教师的培养提供资源布局支撑，创新拨款方式，牵头组织优势高校在先进产业领域组建各具特色的校企联盟，开展有特色的校企协同育人活动，发挥产学研联盟等组织的作用，实现共建共享；将重点放在教育资源的协调和共享方面，充分发挥"大数据"的作用，整合远程教育资源；鼓励高校积极主动争取地方政府的支持，鼓励高校人才下沉到基层，推动教师开展技术推广活动。

3. 建立健全的规则体系

高等教育因其专业性、综合性、迭代性等基本特征，在具体的治理过程中，呈现类型多样、主体多元、布局分散、线程较长等问题。高校必须有一套多方共同遵守的制度规则，形成科学的治理结构，只有这样才能实现高等教育的善治。政府为高等教育治理提供一套多方认可的规则体系，这套规则体系可以是正式的

制度法规、条例办法，也可以是非正式的公序良俗。

4.加快资源及平台建设

当前发达国家在高等教育发展中，愈加注重教学平台的建设，在信息技术的发展基础下，开展教师教学能力提升相关活动。例如，新加坡的智慧国家计划充分利用信息技术将各高校的资源有机整合，集中力量发展高校的教育能力。我国应该借鉴这种方法，在大数据技术的支持下，推进高校与高校之间、高校与企业之间的深入合作，交换优质资源，对师资能力进行优化，建立合理、稳定的教师交流平台，突出教育资源的重要性以及实用性。同时，应该充分顾及教师的想法，建立数字化图书馆、建立各学科网站等，满足高校教师教学、科研需求。政府应在高校整合资源方面牵线搭桥，减少中间环节，用最少的消耗建立规范、畅通的高校资源交流平台，为高校教师提供丰富的教学资源，从而推进我国高校教育的发展。

（二）高校层面

1.建立评价体系

建立科学完善的高校教师教学质量评价体系，可以更为客观地呈现高校教师的教学质量和教学能力，从而帮助教师提升自己的教学能力，解决教学当中存在的问题。建立相应的教学质量评价制度是建立教师激励制度的基础，在大数据环境下建立全面的教师教学质量管理制度是提升高校教学质量的基本措施。

首先，高校必须建立完善的教师评价体系，改变传统单一的教师考核量化标准。高校可以选用全面的评议方式，通过教师互评达到客观评价的效果。为了让评价更为公正，高校还可以选派学生代表和其他高校教师加入评价当中，以建立科学合理的教学评价体系。在制定高校教师教学质量评价指标的过程中，高校要考虑教学活动中众多复杂的因素，还要考虑不同专业、不同学科等因素，这些都会对评价结果产生影响。所以，在教师教学评价方面，制定客观可行的量化指标十分重要。评价过程中高校要充分调动教师参与评价的积极性，评价不但要有教师、学生的评价，教师自己也应该进行自我评价，来确保评价结果的客观、公平。

其次，高校要紧跟时代的发展，注意政策导向。高校开展各种教学活动时，如果能够紧跟政策将会为教师提供更多的资金和政策支持，这样可以更好地调动教师参与的积极性。高校教师发展中心要重视教师自我审视的作用，增强教学发展项目的创新性，提高教师自我审视的效果。

最后，高校应该建立长期、灵活的教师培养机制。教师教学能力培训是提升教师教学能力最直接的方式，由于高校在管理观念以及管理方式方面仍存在缺陷，在对教师发展机构建立和管理方面仍存在问题，高校教师教学能力提升效果大打折扣。这就要求高校教师发展中心建立丰富多样的培训模式，开展持续有效的教学活动。不论是职前培训还是在职培训，要实现有机结合，抓住培训重点，根据不同的教师群体选择符合该群体的培训方式。在大数据环境下，高校利用技术优势更有利于建立良好的激励环境，有利于在国家政策的支持下提升高校平台的水准，从而为教师教学评价体系的建立提供技术支持。高校应对资源设备进行合理规划，优化内部资源，对教学进行科学化管理，满足高校教师教学能力提升的需求；营造良好的教师学习氛围，给教师提供丰富的学习机会，从而实现提升教师教学能力的目标。

2. 科教融合，教学创新

在大数据环境下，知识更新速度加快，高校教师面临着巨大的知识更新压力，必须始终站在学术发展领域的前沿。高校教学活动属于学术活动，高校教师在教学方面的能力也应以学术标准来要求。科教融合指将教学和科研实现有机融合，充分利用科研的优势，将科研的力量注入人才培养当中，提升高校教学的效果。

实现教学创新，加强科教融合，首先需要制定教学与科研的互动机制，丰富教师的科研活动。这样可以直接提升教师的学术研究能力，同时也可以促进教师教学能力的提高。高校通过引导的方式实现学术与教学的结合，将资源引入一线教学当中，为师生进行学术探究提供保障，利用大数据技术手段，不断进行总结。其次，高校应加强信息技术与课程研究的融合，对高校教学模式进行优化创新，鼓励教师树立先进的教学观念，运用多种教学方式。教师在课堂中创新教学方式，获得更多教学反思，深层次地运用信息技术在教学当中的优势，可以有效地调动学生的积极性。大数据时代为教学发展提供了巨大的优势，应用大数据技术有利于建立新型的高校教学模式。最后，高校应该加强精品课程的建设，并利用大数据时代的技术优势，推行线上课堂。高校要把握时代优势，利用信息技术建立精品线上课程。通过在线精品课程，高校学生可以深入学习，从而教学效果得到提升；而教师则可以相互学习、相互交流。在高校课程当中大力推进大数据技术的应用，将会使高校教学产生翻天覆地的变化。

（三）教师层面

1. 确立坚定的师德信念

高校教师是高等教育的践行者，是立德树人的执行者。高校青年教师是高校教师队伍的新兴力量，应以立德树人为己任。

（1）树立崇高的职业理想

职业理想是高校青年教师职业生涯的长远愿景。要树立崇高的职业理想，首先就要做好科学合理的教师职业生涯规划，同时要生成强烈的社会使命感和社会责任感。教师职业理想需要通过教师的教学实践来实现，这就需要教师有过硬的教育教学本领，以及教育科研本领。青年教师应认真钻研教育教学业务，刻苦学习和探索教育科学理论，努力进行各项教学内容、教学方法和教学手段的改革，在教学活动当中关心和爱护学生。

（2）建立崇高的道德信念

道德信念是高校青年教师必须具备的基本信念。教师职业不同于其他社会分工，在强调教学业务水平的基础之上教师首先要具备崇高的道德信念，否则，其培养出的学生的质量就会让人质疑。道德信念并不能直接用来评价教育水平和教学能力，提升教学能力也不是直接通过建立道德信念来实现的，但是绝不能忽略和轻视其对青年教师教学能力提升的隐性影响。只有拥有了崇高的道德信念，高校的青年教师才会根据自己的师德信念，结合国家要求的高等教育目标来树立个人的教育目标，进而做到严于律己，严于育人，全心全意、尽职尽责地投入高校的教育教学活动中。

（3）建立合适的言行标准

人的言行可以折射出人的内心，内心世界的表达就是通过言行来实现的。教师的言行同样反映着教师的内心世界，教师通过言行来影响学生。如果教师言行得体，那么其一言一行都对学生起着表率作用。如果教师言行不恰当，那么其一言一行都会对学生造成不良的影响。所以，教师在课内课外都要时刻注意自己的一言一行，这就要求高校青年教师建立起合适的言行标准，以"教书育人"的标准来要求自己，给学生树立好的榜样。

2. 提高自主学习能力

高校青年教师要不断提高自主学习能力，这是提升教学水平的根本途径。对青年教师而言，有崇高的教育理想和先进的教育理念是完成教学任务的前提，能灵活合理运用教学手段与方法是基本路径，而掌握先进和前沿的专业学科知识以及教育理论知识则是高质量完成教学任务的根本保证。这些内容都需要青年教师不断进行自主学习，提高自主学习能力。青年教师只有通过对本专业领域前沿知识的不断学习、积累，才能在教学过程中把前沿知识传授给学生。

（1）提高学习业务知识的能力

我国进入高等教育大众化以来，大量高素质的年轻人进入了高校教师队伍，成为高校青年教师。这些教师一般都具有硕士及以上学位，专业基础知识扎实，工作热情高，学习能力强，甚至还有很多教师具有海外留学的经历，有着更为广阔的视野。但是，这些教师当中系统接受过教育学专业训练的人不占多数，大量的青年教师由于刚刚接触教育教学工作，对教育教学的基本理论、基本方法、基本手段的掌握还不够。那么，加强这些方面的自主学习也就成了必然要求。青年教师的思维较活跃，通过加强学习，容易在教学过程中推陈出新，创新教学手段和方法，用全新的教育理念去获得较好的教学效果。

（2）提高学习专业知识的能力

青年教师刚投入教学工作中，自身教学经验不足是必须经历的过程，这个过程如果不能得到较好的处理，就会使教学内容变得枯燥无味。有的青年教师不擅长人际交流，那么他们在教学过程中就会缺乏与学生之间的互动，互动不足，又会加剧教学枯燥现象的产生，从而一定程度上影响学生的学习兴趣。

另外，由于受到学校教师或教学评价以及老教师的影响，青年教师往往会产生重科研、轻教学的问题。固然，学校在引导教师方面起基础性作用，但是青年教师主动处理科研与教学之间的关系更为关键，如果青年教师不能妥善处理好二者的关系，势必会导致自身教学能力的停滞不前。总之，教师要始终坚持提高自身学习专业知识的能力，并能够清醒地认识自身的优势和不足。教师只有在教学实践中不断进行学习总结，自身教学能力才能逐步得到提高。

3. 优化整合培养过程

优化高校教师培养过程，促进大数据环境下高校教师教学能力的发展，需要设立全面负责教师发展的专门机构。目前我国许多高校设置了教师发展中心，其承担教师培训与发展工作。从现实来看，教师发展中心在为教师提供实践平台、实践机会等方面仍存在不足。为促进高校教师教学能力的发展，高校要完善组织机构，为教师发展中心提供充足的经费支持；将教师发展中心与企业、社会团体、其他高校等联系起来；重点推进相关专业教师教学能力的发展，从教学理念、方法等基础方面入手，关注课程融合、教学评价、学生管理等；推进教师发展中心的升级，促进其对学校发展定位的理解，使其更新教师教学能力发展的理念，发掘教师的潜能，增加教师发展的弹性。

4. 完备教师培养机制

大数据环境下高校教师教学能力的动态化决定了对教师进行培训是一项更为复杂的活动，高校在创建基于培训迁移理论的教师培养机制时，要以规范培训制度来保障教师成长的动力，保证其发展的方向正确。分层次进行培训，对于不同层次及需求的教师，组织不同的培训。分阶段进行设计，培训前解读国家政策，了解实践需求，分析教师水平；培训中以需求为导向，力图促进培训落地于实践；培训后，要提供良好的管理支持，建立动机激发和评价反馈机制。

第二节 大数据环境下高校信息化建设机制的更新

一、高校信息化建设的机制

（一）高校信息化建设机制的现状

高校信息化建设的体制机制是随着信息技术在高校中应用的发展而变化的。高校信息化建设的过程中，各高校创建了相应的信息技术部门，如计算中心、现代教育技术中心、网络信息中心、信息化办公室等。各校在不同的阶段，信息技术部门的名称、职责范围可能有所不同。信息技术部门在力所能及的范围内推动着高校朝着信息化的方向发展。随着信息技术的发展和高校信息化建设的逐步深入，高校进入以业务系统建设为核心的"数字化校园"建设阶段后，信息化建设已不是仅靠信息技术部门各司其职就能推动的，没有院系部门及师生参与，难以真正实现信息技术与高校核心业务的融合。这一阶段出现的突出问题就是业务数据难以统一、共享，重复建设、信息孤岛等问题严重，很多基础数据需要师生用户在多个系统填报、维护。此外还存在部分业务系统不完善，未实现管理的信息化的问题。

许多高校在面临问题时进行了思考，要进一步推进信息化的进程，必须打破部门壁垒，实现业务融合。这必然涉及各部门业务的调整、权责的重新划分，既是信息化体制的变革，更是高校体制本身的变革。在这一阶段，许多信息化工作先进的高校首先对信息化体制改革进行了探索，比较有代表性的包括清华大学的"两大委员会＋两办＋各信息技术部门"的信息化体制，北京大学的"常务副校长领衔的信息化领导小组+信息办+各信息技术服务部门"的信息化体制，中山大学的"校长领衔的信息化领导小组+整合重构后的信息技术部门"的信息化体制。这些体制虽然各有不同，但是在整体上形成了"决策层—管理层—执行服务层"这样一种集权式体制。

（二）高校信息化建设机制存在的问题

目前，虽然我国高校信息化建设做了很多有益的探索，但是体制机制方面仍然有着较多的困难和问题。一是决策层面的问题，高校信息化建设工作的被重视程度往往取决于分管校领导的时间和精力，而一般我国高校是没有领导会专职地负责信息化建设方面的工作的，同时不断更换领导等都会极大地影响高校信息化建设的进程。二是管理层面的问题，绝大多数高校都是在原有信息技术管理部门的基础上进行扩充的，从而形成了新的信息化管理职能，并没有对所有信息技术部门进行完全的、真正的合并重组，这就会加大相关管理部门的工作难度。同时还有一些高校的管理层还存在定位不明确、管理制度不完善、职责范围不清晰等问题，这些都会对高校信息化建设的成效产生影响。三是服务层面的问题，这个层面的问题也有很多，主要是相关技术人员的能力、配备都存在着非常明显的不足之处，对信息化的高效建设以及用户的需求没有办法有效满足。

二、大数据环境下高校信息化建设机制的更新策略

（一）搭建合理的保障体系

高校信息化建设不仅需要一个强有力的领导部门，还需要管理部门、职能部门和教师的配合和支持。在信息化领导小组的统一协调下，为进一步优化教育教学资源，实现大部门数据互用、共享，就要制定合适的标准，建立保障机制。

在保障机制建立过程中，要有激励机制和措施，如高校间课程共享资源库等建设的激励机制，从而调动教师的工作积极性，使其更好地开展信息化课程建设工作。

（二）完善信息化管理机制

高效的信息化管理机制是高校信息化建设的重要保证。针对高校现有信息化管理存在的部门职能局限、人员信息化素质不高等问题，高校信息化管理机制的建设要从改变管理理念、重组组织结构、培养选拔信息化人才等方面着手，重新进行信息化管理的定位，明确信息化管理部门的职责与权力，特别是如何正确引

入首席信息官（CIO）模式，建立以信息为导向的组织和管理机制，以及制定信息化管理者的选择标准等。

1. 重新进行信息化管理的定位

知识经济时代，传统的教育教学、专业划分已不能适应知识爆炸和知识淘汰的频率，而信息技术作为知识经济时代最强有力的生产力，可以帮助大学突破传统教学和管理模式的束缚，建立以网络为构架，以信息资源库为基础，以学生为中心，以共享和即时学习为理念的信息化教育模式，应对人们对知识和学习的渴求，史无前例地扩大大学的教育范围。面对这一变化，高校信息化管理必须定位于拥有强大的资源统筹能力和技术应用能力，不仅实现高校内部组织职能的信息化运行，更要实现高校在信息化推动下的职能扩张和理念变革。

因此，建设高校信息化管理机制，不是要简单地设置一个权力更大的信息化管理机构，而是要明确信息化管理在学校管理决策体系中的地位，要在信息技术和高校教育教学的目的和价值之间建立起桥梁，使前者对后者产生重要的影响。具体而言，在改革后的信息化管理机制下的信息技术及其他支撑技术将不再被看作被动、辅助性的服务资源，而是上升为可能决定高校办学方式和办学理念的策略资源，信息化管理机制将对这一资源的管理与学校综合管理结合起来，即把高校信息管理系统功能与业务管理系统功能全面、有机结合，从而实现高校办学理念的创新。

美国麻省理工学院的"教育技术委员会"制度及开发课程计划便是一个典范。由学院教务长、各院系负责人和院图书馆馆长组成的权限高于一般信息技术中心的"教育技术委员会"，负责提供策略性的规划和建议，使学院在创造和有效应用先进教育技术方面成为公认的领导者和模式创立者，从而在以开放性为特征的数字化时代继续担负教育重任，其职责包括对教育技术基础建设和规划进行战略性指导、统筹各种教育技术的实验和建设项目、评估教育技术创新的效力。高校通过对信息资源的强有力的管理，将完全有可能借助信息技术的巨大力量实现终身教育、开放教育和无限教育。

2. 明确信息化管理（CIO 模式）部门的职责与权力

对于高校信息化管理机构和管理者来说，信息化管理不仅是对信息本身的管理，更重要的是利用各种专门管理规范与标准来实现信息管理活动的价值。信息化管理的任务是把适当的信息加工包装成适当的形式，在适当的时间提供给适当的人。这个管理运作的过程，实质就是学校信息化管理将业务管理与信息服务融合的过程：一方面，信息化管理必须真正为各项业务工作的开展提供信息服务，兼顾校园网建设和学校业务系统的需要，形成有效联系通道和协调机制；另一方面，学校各项业务要实现与信息管理的任务协作、管理配合等，遵守相应的管理制度。这两方面的有效实现，使信息系统的管理作用得到充分发挥，具有管理学校所有可利用信息资源的有效管理权（包括及时获取权、科学加工权和合理传递权）。

对于中国高校 CIO 机制建设来说，如何将这项最初运用于国外政府和商业领域的机制正确引入仍处在传统管理体系下的中国高校，将是一个急需解决的问题。其中，对于职权设置就是一个重要的问题，因为这涉及对高校传统的管理职权分配格局的革新甚至颠覆。按照一般的定义，CIO 应是既懂信息技术，又懂业务和管理，且身居高级行政管理职位的复合型人才。根据美国学者的观点，CIO 具有五个基本职权：参与组织的政策规划、负责信息系统规划、制定组织的信息政策、管理组织的信息资源、研发新的信息系统。结合我国高校的实际情况，高校 CIO 必须是全面负责信息化工作的校级决策层领导，直接参与学校的高层决策，并在其领导下设立专门的信息管理职能部门，其任务是组织领导全校范围内教育信息资源的收集、开发、共享、协调等全局工作。

通过对高校 CIO 工作职责的确定，我们可以得出 CIO 模式下高校信息化管理部门的职责与权力包括以下几个方面。

一是统一管理高校的信息资源。信息化管理部门负责出台适合本校具体情况的全局性的信息政策、制度、标准，以及工作程序和方法，以此实现对信息资源的综合管理。

二是了解判断信息技术发展趋势，根据信息技术最新成果和信息化发展方向，出台或及时调整高校信息化发展策略，推动高校各领域业务管理流程的调整改进，使高校的业务管理流程和信息管理流程保持高度协调。

三是发挥自身的决策功能，组织协调各部门进行信息系统的建设和运行，特别是主导数字化校园建设，包括对教学管理信息系统、科研管理信息系统、后勤管理信息系统、图书馆信息系统、学生管理信息系统、办公自动化系统等的开发、应用和管理，并将各系统整合成无缝集成的全校管理信息系统平台。

四是为高校的高层决策提供信息化方面的重要参考和条件支撑，包括信息化建设战略规划、教育信息系统的评价、重大项目投资决策等。特别要从信息资源和信息技术的角度指明高校未来发展方向，保证决策符合信息技术发展的趋势，借助信息技术的力量促进高校向前发展。

（三）创新大数据教育管理分享机制

高校教育管理数据资源开放程度越高，其价值则越大，没有共享和开放的数据，只能是一堆没有生命和意义的数字。高校教育管理公共数据资源统一开放的程度包括低、中、高三种，高校教育管理公共数据资源低程度统一开放仅限于部门内部，中等程度统一开放限于地区内，而全国统一开放的高校教育管理公共数据资源则是高程度统一开放的。当然更高程度的统一开放是面向全球的，从而实现人类知识的信息共享。

1. 采取分步实施逐步推进的方式

公共数据服务正成为未来新兴产业，逐渐走向集成、动态、主动和精细的发展阶段，但是在数据公开方面，引导潮流的很难是个人或企业。显然，代表公共利益的政府应是数据开放潮流的引领者和规则制定者。"开放共享"是大数据价值的生命线，高校作为先进文化的创造者和传播者，思想开放、兼容并包是其应有的品质，构建高校资源开放共享机制成为必然。但是，目前高校开放和共享意识还不够，除了部分高校尝试资源共享、学分互认外，高校"马赛克"现象还比较严重，导致数据不完整或者重复投资，浪费了大量人力、物力、财力。大数据时代已经来临，我国需要共享精神。我国高校大数据共享机制的建立可以采取分步实施逐步推进的方式，考虑采用立法的形式，在保证数据安全的前提下，先强制后自觉，逐步冲破部门、学科、专业、行业、领域等之间的藩篱，不断推动高校教育管理大数据实现更高程度上的开放、共享和应用。

2. 建立利益共享的激励机制

高校大数据教育管理发展是一项系统工程，需要建立多方参与、无缝对接的合作共同体。高校大数据教育管理面临的阻力有很多，包括资金、技术、人才及体制机制等方面，其中体制机制是关键，利益共享是各方密切合作的动力。这个合作共同体也是一个利益共同体，不同的利益诉求、相同的求解方式，将多方联结在一起，所以说，建立健全利益共享机制具有"射人先射马"的战略意义。如在国内大部分高校的开放课程建设投资中，占比大的是政府和高校投资，社会公益投资很少，大数据教育管理的成本分担机制没有形成。要吸引多方融资，就必须要有合作方各自利益点的发掘。有些高校已经尝试实行学分互认机制，为了长期可持续合作，高校可以尝试推行完全学分制，或者在目前不完全学分制的基础上，对各门课程的学分进行评估，对于依托合作高校在线课程修满学分的，可以给合作高校适当费用补偿。另外，高校可建立科研数据的分级共享机制和数据开放共享的激励机制。国家在宏观政策的引导上，可对致力于推进知识传播、文化发展和社会进步的机构进行经费补偿；设立智慧教育进步奖，对于推进大数据教育管理实施的相关教师及管理者进行奖励；鼓励学校内部实施教师职称评聘等制度，对大数据教育管理相关奖励予以肯定；在国家高等教育教学成果奖的评选上，建议将高校大数据教育管理作为教学成果奖评选的重点内容之一。

（四）完善信息化运行机制建设

完成信息化基础建设和管理机制的构建后，确保信息的顺畅和安全运行成为高校信息化建设的重点。高校信息化运行机制涉及信息资源采集、制作、交换、共享、反馈等诸多环节，在实现了计算机网络设备的全面连接、信息化管理的职能整合之后，在运行机制上也面临着整合信息资源、统一信息标准的问题，以及技术与制度并重的信息安全保障问题。信息化运行机制建设的两大主要内容：第一，必须建立信息化规范与标准体系，使诸如人事、教务、图书馆、行政办公等方面的各类管理和应用服务系统能够在统一的信息数据平台或信息枢纽中心上实现资源共享与业务的无缝连接；第二，必须建立健全信息运行安全保障体系，确保信息在应用、传输、储存以及日常管理中的安全。

1.建立信息化规范与标准体系

信息化规范与标准体系能保证信息在采集、处理、交换、传输过程中的统一，是实现信息资源共享和信息系统协同发展的基础。其建构目标主要包括以下几点。

第一，信息化基础设施规范。在计算机硬件系统（包括服务器、个人计算机、网络设备等）、计算机软件系统（包括操作系统、数据库平台、应用平台等）及网络基础设施服务方面，要求技术标准统一；符合国际标准化组织标准的数据交换和共享需要；在技术上代表主流或新的发展方向；能满足高校信息化建设的可持续发展需要（如适合网络计算、稳定性、安全性等）。

第二，应用系统规范。应用系统的开发和使用是面向最终用户的，直接影响管理效益、效率的提高，其规范应包括以下性能指标：适用于科学的管理运行模式；数据设计符合信息标准及应用规范；功能相对齐全、满足需要；具有通用、扩展、易操作等特征；提供应用访问接口以及与相关应用系统数据交换的接口，符合一定的应用管理规范，能够与其他应用系统集成；技术文档规范齐全。

第三，信息标准。信息标准主要在全校范围内为数据库设计提供类似字典的作用，为信息交换、资源共享提供统一的依据。根据不同学校的各自特征，可以设计多个信息标准集，标准集下分信息子集（如教学管理信息标准集下分基本子集和教务子集），子集下分信息类，信息类是相关信息项的集合（如基本子集中的学籍类）。

第四，用户规范。用户素质是决定信息资源利用价值的最终制约因素。因此用户规范也是信息化建设取得成效的重要措施之一。用户规范的对象包括高校领导干部、管理教辅人员及全校师生，高校要对他们进行信息培训，提高其信息技术水平和信息技术运用能力等。

第五，管理规范。制定管理规范主要是为了保证网络与信息系统的有序运行。管理规范要重点反映学校在网络应用系统建设中的政策、指导方针，主要包括管理类（如校园网络信息管理办法、网络有害信息处理办法等）、信息服务类（如校园网络信息服务登记管理办法、校园网络域名管理办法等）、技术类（如服务器管理系列规范、数据库管理系列规范等）三类管理规范。

2. 建立健全信息运行安全保障体系

在技术上要实现的信息运行安全，包括信息内容在网络上的保密性和完整性。一是要求在网络的设计过程中，对网络的传递质量、可靠性、抗毁性、安全性均需加以周密的考虑，使之具有最完善的网络结构，一般要采用三层安全体系：设备安全体系，网络操作系统和数据库系统安全体系，以及应用系统安全体系。设备安全体系主要采用系统容错备份技术等保证系统的安全和故障恢复能力。网络操作系统和数据库系统安全体系，重在对各主要环节进行监视和控制，以防计算机病毒和非法用户的越权操作或窃取、伪造、破坏数据等，防火墙是最重要的手段之一。现代防火墙必须采用综合安全技术，有时还需加入信息的加密存储和加密传输技术，这样才能有效地保护系统的安全。应用系统安全体系一般采用密码、访问权限等控制技术。二是要做好"信息再包装"工作，即通过对信息改编和重组，对信息进行甄选整序、增值和浓缩，做到去粗取精、去伪存真，从而防止信息超载、信息失误和信息泛化，促使信息服务向统计分析、调查研究和策略建议的方向发展。与此同时，缩短信息"生产—加工—处理—传递"的周期，提高信息的传递效率和利用率。

信息运行的安全制度包括两类，分别是以信息化技术为基础的信息化操作和管理规范。例如，建立和健全信息安全管理和信息发布审查制度，建立健全上网用户日志留存制度等。此类规范一般在设计信息安全技术时制定，并结合信息技术发挥作用，制定和监督执行的主体为负责整个学校信息化工作的高校信息（网络）中心。

高校应特别针对自身的信息化特征而制定信息保密制度。信息保密制度属于高校保密制度的一部分。在计算机网络时代，传统的纸质文件及其信息的传阅、复印、保存、传递等发生了根本性的变化，不仅各类文件可以通过办公自动化系统完成起草、审核、下发和传阅等全部程序，而且纸质信息也可以利用各种技术轻而易举地转换为电子数据，在互联网上迅速而广泛地传播。信息泄露的漏洞增多、门槛降低，因此学校保密委员会必须对传统保密制度进行革新，特别针对规范计算机上网管理、严防涉密信息上网、杜绝互联网泄密等艰巨任务制定专门的信息安全保密制度，重点包括涉密计算机安全保密管理制度、办公自动化管理制度、涉密载体保密管理制度等。其中，涉密计算机安全保密管理制度应强调储存有保密信息的计算机与互联网实行物理隔离和专人管理；办公自动化管理制度应强调上网信息的严格保密和泄密责任追究；涉密载体保密管理制度应强调以文字、数据、符号、图形、图像、声音等方式记载国家秘密信息的纸介质、磁介质、光盘等物品的严格管理。

第三节 大数据环境下高校信息化建设风险的评价优化

一、高校信息化建设风险管理存在的问题

（一）高校信息化建设风险意识缺失

当前，部分高校还没有充分意识到信息化建设风险预警的重要性，其风险意识严重缺失。而高校平时对信息化建设中的风险的忽视，更是大大增加了风险所发生的概率。高校的信息化建设存在的风险意识缺失主要包括信息化风险管理并没有被当成高校信息化建设的一项重要工作；没有对信息化建设风险做整体规划；缺少信息化风险应急管理部门和应急管理人员等。而上述情况的存在，会造成信息化建设过程中建设人员不能清楚地了解可能遇到的风险状况，在风险发生之前或发生的时候没有思想准备，甚至无法采取相应的风险预防和应对措施。所以，高校信息化建设风险意识的缺失将会导致高校信息化建设无法科学、规范和专业地进行风险管理，这在很大程度上制约了高校的信息化发展。

（二）信息化建设风险管理人员缺乏

在多数高校中，信息化建设的主要任务一般是由高校的信息化部门承担的，而且信息化部门的工作人员往往都身兼数职。比如，他们除了要主管校园网的规划与管理，还要负责服务器和业务系统的维护与管理。信息化部门日常工作任务繁重，所以就没有足够的人员和精力去研究信息化建设的风险管理。当前风险管理人员后备力量的不足，已经严重影响了高校信息化建设风险管理工作的效果。

（三）信息化建设风险管理发展方向不明

目前部分高校缺乏信息化建设风险管理的实际经验，这造成了信息化建设风险管理方向的不明确。部分高校的管理者很少考虑借鉴企业或者国外既有的先进理念、风险管理方法和风险管理技术。比如，在信息化建设出现风险的时候，如何对其进行识别、分析、评估和应对等。而盲目进行风险管理工作，更是阻碍了信息化建设的发展。

（四）没有形成完整的高校信息化风险管理体系

随着我国高校信息化建设的发展，在实际应用的过程中越来越多的用户产生了信息化问题，高校的信息化部门也承受着很大的信息建设安全压力。高校信息化建设风险产生的一个重要原因就是高校的信息化部门对风险管理体系的建设不够重视。风险管理思路的缺乏使我国高校没有形成完善的信息化风险管理制度，所以也就没有设计一套完整的信息化管理流程，从而导致高校信息化管理人员处理突发应急事件的能力不足。因此，在高校信息化建设计划当中应该增加高校信息化风险管理体系建设的内容。

二、大数据环境下高校信息化建设风险评价的优化策略

（一）加强信息化风险评价主体的组织管理

信息化风险管理组织机构为风险评价提供了有力的组织、人员、资源等支撑，信息化风险管理组织机构是信息化组织机构的一个重要分支机构。高校信息化风险管理组织机构的最高领导对高校信息化建设安全负主要管理责任。该机构应该针对高校自身信息化规模、信息化设备特点、信息化技术难度和信息化环境等建立高校各级部门的信息化安全管理职责体系，明确各级部门风险管理人员的职责，

以保障高校信息化工作在低风险或零风险状态开展。

1. 信息化风险管理领导小组职责

①组织并领导有关人员制定风险管理标准和各种风险管理规章制度。

②确定风险管理各类人员的职责和权限。

③审议并通过风险规划,年度风险报告,有关信息化建设风险管理的宣传、教育、培训计划。

2. 信息化风险管理部门职责

①负责与高校各级部门的信息化风险管理人员建立日常工作关系。

②定期向高校信息化风险管理领导小组报告风险管理情况,及时报告重大风险事件。

③组织、指导、协调风险管理人员开展风险管理工作。

④负责开展年度风险管理评价工作。

3. 信息化风险管理专家组职责

信息化风险管理专家组由开展有关信息化工作的政府、高校、科研院所以及企业等机构中的人员组成。它主要负责进行高校信息化安全技术、安全管理技术和风险管理方法等方面的交流,并向信息化风险管理部门提出对策建议。

4. 信息化风险管理人员职责

①负责应承担的日常风险管理工作。

②遇到风险突发事件时,做好现场保护工作,协助高校进行风险突发事件的风险应对工作。

③定期进行安全检查、评估、审计工作,及时发现安全隐患。

④定期向所属信息化风险管理部门或领导汇报安全状态和风险管理工作。

(二)优化信息化风险评价过程

在高校信息化建设的整个生命周期,高校信息化建设可以看作一个复杂系统,也可以看作一个具有多层次、多种影响因子的动态过程。因此,为了减少信息化建设项目的风险或降低信息化建设的损失,高校应当优化风险评价过程。只有优化风险评价过程,高校才能够科学、快速、准确地处理信息化风险事件。

1. 端正评价主体的指导思想

端正评价主体的指导思想是优化评价过程的第一步重要工作。科学技术评价应该始终将质量放在第一位，克服浮躁、急功近利等短期行为，坚决反对浮夸作风。目前，高校信息化建设项目风险评价工作中存在"评价简单化"的问题。究其原因，主要是由于高校信息化建设项目涉及多种复杂技术，并且技术难度都比较大，评价工作者因为技术壁垒而容易简单化评价工作，工作重点只放在技术含量较低的项目上，人为地忽视了一些高技术含量的项目所可能产生的风险。评价指导思想不端正是造成诸如此类问题出现的根本原因。对高校信息化建设项目进行风险评价过程中的端正评价思想的重点应该是以科学的指导思想作为指导方向。指导思想是否正确也直接影响了评价主体的评价态度，也就最终影响了评价结果的准确度与有效性。因此，评价主体选择指导思想时应该充分考虑所评价的高校信息化建设项目是否满足高校自身信息化发展的要求，从而在宏观指导思想上保证评价的有效性与合理性。

2. 确定评价对象和科学的指标体系

不同的高校的信息化建设涉及的领域也有所区别，所以信息化建设风险评价对象也有所不同。总结高校信息化建设风险的一些共性问题，一般情况下，信息化建设风险评价涉及三个领域：承载层风险评价、数字化校园应用风险评价、信息化保障风险评价。这三个领域的评价又可以根据评价的具体内容细化出子评价项。对高校信息化建设风险评价指标加以分析，我们可以通过确定信息化建设风险评价的评价对象及它们之间的关系，获得高校信息化建设风险评价的基本维度，评价活动的实质就是主体对评价对象的属性能否满足主体需要的这种客观关系进行反映。高校信息化建设风险评价活动的评价对象是高校信息化建设活动和高校主体需要之间的价值关系，如果高校把主体的"虚假需要"作为高校信息化建设活动应满足的对象或是忽视了重点评价对象，那么就会发生高校信息化建设评价活动中评价对象的"错位"。

评价指标体系在规范和导向上对评价工作起一定的作用。如果构建的评价指标体系不科学，那么评价结论就会存在不够清晰、可信度低、指导作用较弱的问题。所以高校信息化建设风险评价的核心即把一套科学合理的评价指标体系和评价标准运用到不同的高校信息化建设中去。高校通过科学地构建多指标综合评价体系，在保证评价质量的前提下，提高评价结论的清晰程度和可信度增强评价结论的指导作用。因此，高校风险评价主体应该根据高校信息化项目的特点与评价的侧重点，明确评价对象并确定评价科学的指标体系，从而使评价对象和评价指标更加吻合评价工作，评价结果也更加可靠。

（三）提高对信息化建设风险的重视

政府要作为高校信息化建设的总指挥，扮演高校信息化建设的组织者与服务者的角色。政府最重要的职责就是要科学规划高校信息化建设的整体战略，根据本地社会、经济、政治和人文等实际情况来制定符合自身发展情况的地方高校信息化建设战略，信息化建设风险管理要提上高校的议事议程。根据当前信息化建设发展的社会新形势，政府应当完善信息化建设内容并落实检查、监督机制，对参与国家重大建设项目的重点高校进行定期的检查与监督。

在高校信息化建设风险管理方面，政府要保证一定的人力、财力和物力的合理投入，这其中经费投入是最核心的，也是对信息化建设发展效果影响最大的。目前高校信息化建设的经费还不是十分充裕，国家应该加大对高校信息化建设投入的力度，并通过一些配套的政策来加快信息化基础设施的建设。同时，政府还应该督促高校加快科研成果的转化，在信息科学方面利用高校自身的人才和科研优势，使其与企业合作来共同推动高校信息化建设项目经费的增长。政府制定战略和政策，高校来进行科研成果的转化，加之企业积极的配合与合作，三方共同推动信息化建设的良性发展，推动高校信息化建设风险管理的可持续发展。

（四）加强信息化风险管理沟通

1. 优化校内风险管理组织沟通协调制度

高效率、高品质、高共享度的风险管理组织沟通协调是高校信息化风险评价工作的基础，高校风险管理组织的沟通应在遵循"专家辅助指导、设立跨部门风险管理组织、信息化管理部门配合"的原则上完善沟通协调的体制机制，进而形成高效的组织结构。

高校信息化战略是一个系统工程，而协同作用是任何复杂系统有序结构的自组织能力和内部作用力。因此，只有建立校内战略协同管理体制机制，使高校内部组织的目标相统一，才能使高校信息化风险管理工作持续开展。高校信息化内部协同管理机制包括信息化沟通和反馈机制、信息化资源协同机制、信息化利益协同机制。信息化沟通和反馈机制在战略协同机制中发挥着重要的作用，保障了高校组织机构之间能够顺畅地进行信息沟通。信息化人力资源协同机制、信息化信息资源协同机制和信息化财力资源协同机制构成了信息化资源协同机制。信息化约束机制、信息化冲突协调机制、信息化利益分配机制、信息化激励机制构成了信息化利益协同机制。优化校内风险管理组织沟通协调制度，能够保证高校信息化风险评价工作顺畅地进行。

2. 完善风险管理的校企合作机制

高校信息化的非营利性使其只简单地追求社会效益和长远利益,如实现学生综合素质的提高、科研实力的增强等,因此,这就导致了信息化建设的经费紧张、风险评价主体单一化。完善风险管理的校企合作机制,让企业也加入风险评价工作队伍中,有利于高校整合自身的各种资源和企业的专业优势,从而利用双方的优势达到"双赢"的目的。

(五)加强信息化风险管理培训

信息化培训、风险意识教育能够提升员工信息化素质、信息化技术、信息化风险管理能力,让高校教职工和学生深刻认识信息化建设中存在的风险,思想认识基础可以推动风险评价工作的顺利展开。目前,高校缺乏对信息安全威胁和隐患的重视,风险管理组织机构混乱、风险管理人员的素质的培养不到位,导致信息化安全事件频发,其根本原因是没有建立良好的高校信息化风险管理培训机制。现今,针对高校信息化风险管理发展形势,要大力开展信息化风险管理培训工作的主要原因有以下几点。第一,当前多数高校信息在风险管理的主要问题是管理人员缺乏风险管理意识;第二,高校信息化风险管理组织机构目前处于混乱的状态;第三,由于高校信息化建设面临的风险涉及的种类多、风险形成原因复杂、风险因素随环境变化快难以把握,因此,风险管理人员的素质的提升是风险管理充分发挥效用的关键,其核心是加强高校信息化建设风险管理人员的培训。

高校信息化风险管理本身的系统性、复杂性使其易受诸多因素的影响,因此,高校应该制订保障高校信息化建设安全进行的教育和培训计划,这样系统、全面地对信息化安全技术和信息化风险管理相关知识、政策、具体实施步骤和执行要素等方面的内容进行培训就显得十分重要。

风险管理知识培训的目的是保障高校信息化建设中管理人员具有基本的风险管理知识。政策方面培训的目的是贯彻信息化政策精神,提高信息化风险管理人员对风险管理的理解的能力,规范风险管理人员的工作行为,优化风险管理工作。实施方面的培训通过对风险管理任务的分配、对风险管理实施计划的解释,以及对风险管理过程的全方面分析,使各级信息化风险管理组织、部门和领导能够顺利开展风险管理工作。执行层方面的培训:首先,提供给每个风险管理组织和人员在高校信息化风险管理工作流程中的各个环节需要掌握的方法和技能;其次，介绍信息化风险管理的执行过程；最后，对执行中可能发生的突发事件做好应急准备工作。

第四节 大数据环境下高校信息化建设中政府职能的完善

一、优化政府协调指导职能

（一）政策导向，完善政策法规

从目前大数据环境下高校信息化的系统分析和所存在的状况看，落实国家信息化建设必须坚持以高校育人为根本出发点，转变教育理念，创新教育模式，构建信息化发展的新机制，制定适合高校实际的政策，推动高校新一轮的革新，发挥高校在学习型社会和教育信息化人才培养方面的优势。

1. 制定并落实高校教育信息化配套政策

除了国家教育部门统筹部署外，各级政府责任主体也应积极配合。地方各级行政部门应结合地区高校实际，密切合作，积极推动教育信息化的发展与建设，落实相关教育管理信息化标准。高校信息化应以省政府为主合理配置资源，各级政府应针对高校信息化的资金投入、教育信息化产业发展情况等制定相关配套政策；明确各高校、各级教育行政部门作为信息化建设实施主体，要根据高校的实际状况制定相应的工作方案。

政府应协调各教育、科研机构，落实任务，明确分工，从政策的实施、技术的研发等方面协调高校与企业一起推进信息化建设，并对发展目标和阶段建设指标进行考核，健全督导工作机制。省级政府应把信息化工作成效纳入政府教育绩效考核，分阶段对高校各项发展设置任务和目标。在实施过程中，坚持示范、试点，逐步推广，充分发挥试点的引领作用，分类指导，逐步深入高校信息化建设在教育领域的应用。

2. 完善高校信息化的相关法规

大数据环境下，教育信息化事业的发展不仅需要政策的支持，而且同样需要完善的法规做保障。政府应积极发挥主导作用，通过多种形式发展教育信息化技术与装备的研发、推广，并整合社会资源积极设立教育信息化研究基地，构建支撑技术自主创新、特色装备研发推广的创新体系，完善高校信息化创新支撑体系，制定各级各类教师教育技术能力标准，开展职前、职后衔接培训，帮助教师适应标准，注重信息化建设在高校实际中的应用。

政府以高校教育为出发点，转变教师传统教学观念，积极鼓励教师开发和应用现代信息技术为教育服务，提高课堂教学和学科信息化研究质量，将高校信息化列入政府教育发展计划，在教师资格认证中将教育技术能力作为考核内容，有效提升高校实施主体的教育技术能力。政府应推动各高校特别是师范类高校对大学生人才的信息化素质和信息化能力的培养，积极加大对信息化相关学科建设的支持力度，指导各高校积极建立教育信息化应用性实训基地，提升大学生和科研学生信息化实践和研究的能力，指导并积极鼓励信息化学科背景的高校毕业生到基层信息化岗位就业。

（二）制定标准，完善保障制度

1. 加强高校信息化标准的制定

资源共享的基础是信息的标准化，制定统一的信息化标准，政府应通过共享平台将标准化资源进行并入，这样才能真正实现资源共享，因此具有很现实的意义。高校信息化建设最初十年，信息孤岛现象横立在各行政部门中，教育管理信息化标准的制定和规范实施，取得了多平台共享的效果。

面对云平台、物联网平台等社会新兴信息事物，政府应积极组织专家进行标准化建设，着重解决建设前的标准化问题和项目实验的研究开展方面的问题，在顶层设计上取得统一，逐步完成信息化应用中特别是教学管理、资源建设等方面的标准化、规范化的体系设置。政府各教育行政部门应在国家标准化基础上进行研究与推广，强化标准的宣传，高校作为实施主体需认真落实政府规范，促进资源共享的网络实现。

2. 制定监测与技术保障制度

随着我国高校信息化基础建设的发展，高校应打造一支技术保障队伍，以保证高校信息化常规运行。高校应建设良好的信息技术环境，以满足不同时间、不同地域的学习者的学习需求，政府各行政机构需要提供信息化所需的技术服务，需要建立各级教育部门和各高校的信息技术专业服务队伍，从技术保障、制度保障到人员配置，政府行政下行至高校信息化建设全过程，有效消除数字化鸿沟，保障高校信息化具有良好的环境。

二、深化政府机制改革，优化管理职能

目前，高校信息化建设分阶段取得了实质性进展，初步形成与国家信息化发展相适应的教育信息化体系。在成绩取得的同时，也凸显了政府机制改革和管理职能优化所起到的重要作用。

在完善现有教育信息化服务体系时，一方面，各级教育行政部门与各高校应该对本部门的管理职责有清晰的界定，并建立标准的管理制度，使高校信息化工作依章办事；另一方面，积极整合高校信息化的相关机构、单位，构建国家、省、市、高校一体而不同职能的服务网络平台，各司其职，提升建设质量。另外，在强化政府领导的同时，应适时建立组织保障体系。以省为主体，相对应的市、县政府主管部门要建立相应的信息化职能单位，并要求各高校设立高校信息化主管部门，在教育系统内强化高校信息化建设部门的领导力。省、市等各级教育行政部门应当围绕本部门规划，制定适合本地区的方案和配套政策，真正做到分工明确、职责有序，充分发挥政府的管理职能。

参考文献

[1] 陈熙,赵欢.中国院校信息化建设理论与实践[M].北京:国家行政学院出版社,2013.

[2] 杨长春.大数据时代的"平安校园"信息化建设探究[M].北京:对外经济贸易大学出版社,2016.

[3] 朱春巧.信息化时代下高校档案管理创新研究[M].长春:东北师范大学出版社,2017.

[4] 郝伟.大数据时代下信息化教学的实践与应用[M].北京:北京工业大学出版社,2018.

[5] 王辉,关曼苓,杨哲.大数据环境下档案信息化管理[M].延吉:延边大学出版社,2018.

[6] 朱楠,王硕鹏.基于"互联网+大数据"的高校就业信息化建设[M].长春:吉林人民出版社,2018.

[7] 张芳."互联网+"背景下的高校信息化建设[M].北京:经济科学出版社,2018.

[8] 尹新,杨平展.融合与创新:高校教育信息化探索与实践[M].长沙:湖南科学技术出版社,2018.

[9] 王碧春.高校图书馆信息化创新建设与服务研究[M].长春:吉林教育出版社,2019.

[10] 张慧敏,肖静.高等院校图书馆学与信息化应用研究[M].长春:吉林人民出版社,2019.

[11] 王晶.民办高校内部质量保证体系建设与运行[M].沈阳:辽宁人民出版社,2020.

[12] 西仁娜依·玉素辅江.高校教学档案管理理论研究与实践[M].长春:吉林人民出版社,2019.

[13] 许秀.高校档案管理与信息化建设研究[M].哈尔滨：哈尔滨工业大学出版社，2019.

[14] 李一杨.基于大数据时代的高校学生管理信息化建设[J].学园，2020，13（31）：84-85.

[15] 王天昱.大数据背景下高校后勤管理信息化建设路径探讨[J].教育信息化论坛，2020，4（11）：50-51.

[16] 孔馨雨.大数据时代高校学生管理信息化的探索研究[J].中原工学院学报，2020，31（5）：78-80.

[17] 赵耀宏.大数据背景下的高校信息化建设路径探究[J].无线互联科技，2020，17（19）：167-168.

[18] 王诗卉.大数据时代对教育管理信息化发展的作用研究[J].现代职业教育，2020（41）：222-223.

[19] 郝东晓.大数据时代高校学生事务管理信息化建设途径探究[J].数码世界，2020（10）：76-77.

[20] 周莉.大数据背景下高校图书馆信息化建设面临的机遇与挑战[J].中国管理信息化，2020，23（19）：191-192.

[21] 翟大昆.大数据背景下高校信息化教学模式构建研究[J].计算机产品与流通，2020（11）：120.

[22] 傅坤.大数据时代高校教育管理信息化如何创新发展[J].文教资料，2020（26）：101-102.